もう、この国は捨て置け!

韓国の狂気と異質さ

呉善花 VS 石平

WAC

まえがき

私たちの対談本が編集段階に入った二〇一三年十二月二十六日、安倍晋三総理大臣は念願の靖國神社参拝を堂々と果たした。日本国のリーダーとしての当然なる行動であるが、案の定、中国も韓国も反発のテンションを最大限に上げて猛抗議した。両国政府と各メディアはあらゆる罵詈雑言《ばりぞうごん》を安倍首相に浴びせ、反日の気勢を一斉に上げている。

かつての大東亜戦争と関わりを持ったアジアの国は他にも多数あるが、「戦争」ということを理由にして日本の総理大臣の靖國参拝に反発しているのは中国と韓国だけである。

この一点からしても、中韓両国はいかにも異質な国であることがよくわかるが、おそらく彼らも自分たちの孤立を意識しているのであろう。安倍総理の靖國参拝を批判するときは常に「アジア」とか「国際社会」とかの言葉を主語に使いたがる。あたかも、彼ら中韓だけはすなわち「アジア」であり、すなわち「国際社会」であるかのような荒唐無稽《こうとうむけい》な言い方である。

もちろんそれは、別の面においては中韓両国が共通して持つ「中華思想」というとんでもないドグマの自然なる発露《はつろ》でもあろう。要するにこの両国の潜在的意識からすれば、自分たちこそがアジアの中心であり、国際社会の中心でもあるから、自分たちの反対するところはアジアと国際社会の反対すべきところだ、ということである。

中国がかつてアジア最大の文明国家であったことは事実である。一時は、この地球上で圧倒的な存在感を示した大国でもあった。そういう意味では、今の中国人が昔の中華帝国の残像にあぐらをかいて「中華思想」の妄想に浸《ひた》っているのは、またそれなりの「理由」があると思うが、摩訶不思議《まかふしぎ》なのは韓国のほうである。

たかが朝鮮半島の半分を国土に持つこの典型的な中等国家は、どうしてそれほどの自信過剰に陥っていてそれほどの傲岸不遜《ごうがんふそん》の態度を取ることができたのだろうか。それはおそらく、多くの日本国民にとっての大いなる謎の一つであろう。

もう一つ、多くの日本人が不思議に思ってならないのは、韓国という国はこの数年間、特に今の朴槿恵《パククネ》大統領の政権になってからは、「狂気」というしかないような異常な反日姿勢を強めてきているのはいったいなぜなのかである。

韓国中のマスコミは人間世界の良識から逸脱した執拗な日本攻撃を繰り返し、裁判所という裁判所は国際社会の基本的ルールも顧《かえり》みずにして日本企業への不当判決を乱発する。そして朴大統領自身に至っては、外国を訪問するたびに相手と場所を問わず、一方的な日本批判を撒《ま》いて歩くという有様《ありさま》である。それほど異様な反日の背後にはいったい何があるのか。

私たちのこの対談は、まさに「韓国の狂気と異質さの原因はいったい何か」という問題意識から、現代韓国の異常さの背後の謎を解こうとするものである。

石平は主に聞き手として、多くの日本人の抱く疑念を代弁するような形で、「意地悪い」難題難問を呉善花にぶつけていった。そして呉善花は自分自身の洞察と知識に基づいて、ていねいに答える。その上で呉善花と石平の両名はまた、よくかみ合った縦横無尽の議論を交《か》わし合い、共通した認識の一つ一つにたどり着くのである。

このような知的作業は、私たち自身にとっては大変面白くて啓発に満ちたものであるが、読者の皆様にとってどういうものになるかは、皆様自身のご判断に委《ゆだ》ねるしかない。それはさておいて、この対談本は韓国問題に関心のある読者の方々にとって読み応《ごた》えのある一冊となることを、対談者の私たち両名は保証しておきたいところである。

最後に、本書の企画・編集を担当して下さったワック出版の松本道明出版局長に感謝の意を申し上げたい。そして、この本を手にとっていただいたすべての読者の皆様にはただただ、頭を下げたい思いである。

二〇一四年一月吉日

呉 善花

石 平

もう、この国は捨て置け！

——韓国の狂気と異質さ

目次

第2章　小中華思想と事大主義に回帰する韓国

第3章　「中国の反日」と「韓国の反日」

第4章　中国経済が破綻するとき、韓国は道連れになるのか

第5章　覇権国家を目指す中国と日本のフロンティア

編集協力／菅原昭悦
装幀／神長文夫＋柏田幸子

第1章　韓国で沸騰する反日ファシズムの黒幕は誰だ？

入国拒否の理由は「上からの命令」

石　呉さんが韓国から入国拒否にあったことを新聞で知ったときは、本当にびっくりしました。私は中国を批判してきましたが、中国から入国を拒《こば》まれたことはありません。あの中国でさえそうなのに、民主国家であるはずの韓国が言論人を空港で追い返すなんて、考えられないことです。

呉　私も驚きました。

石　今回の騒動の顚末《てんまつ》をお聞かせいただけますか。

呉　はい。二〇一三年七月二十七日に、甥《おい》の結婚式に出るため、ソウルに向かいました。午前十一時過ぎ、仁川《インチョン》空港に着いて入国審査の窓口でパスポートを出すと、即座に別室へ行くよう指示されました。

石　パスポートを出したらすぐですか。

呉　そうです。たぶん、コンピュータに私のパスポートナンバーがブラックリスト登録されていたのでしょう。

石　ああ、なるほど。

呉　指示された通り、別室に行って取り調べを受けたのですが、結婚式が午後三時からなので気が気ではありませんでした。

石　それはそうでしょう。

呉　一時間半くらい経ってから入国不許通知書なるものを係員が出してきて、「サインして下さい」と言うんです。書類を見ると、理由を記す欄には何も書かれていない。

石　根拠なく、入国拒否ですか。

呉　ええ。入国を拒む理由は何かと問うと、「上からの命令だ」との答えが返ってきました。何度聞いても、同じ答えを繰り返すだけです。

石　法治国家ならば、たとえば入国管理法第何条に該当するから国外退去を命じる、とか言うでしょう。

呉　そうですよね。入国拒否の理由が明らかでないので、サインしませんでした。すると、待機室というところへ連れて行かれました。その間、係官は私にぴたりとくっついて離れないんです。

石　犯罪者扱いですか。

呉　私はそう感じました。待機室と称される部屋は腰ぐらいまでの高さの鉄柵があり、鍵をかけられました。そこから親戚に電話をかけて、入国できないでいることを伝えると、ソウルの日本大使館や日本の知り合いにも電話して外務省と連絡をとろうとしたのですが、あいにく当日は土曜日で連絡がつきません。

石　これは明らかに監禁ですよ。韓国政府が日本国民を正当な理由を示さずに監禁した。日本政府は抗議すべきです。

呉　係官は「保護だ」と言っていました（笑）。そのうちにハンバーガー一個と小さな缶コーラを投げつけるように与えられました。披露宴のご馳走《ちそう》を楽しみにしていたから、機内食は食べませんでした。当然、お腹は空いていた。でも、ハンバーガーはぱさぱさ、コーラはぬるくて食べられたものではありません。夕方になって、成田行きの便に乗せられ、帰国させられたのですが、費用は自己負担でしたね。

石　書類にサインしないことへの嫌がらせでしょうね。それにしても、やることがなんと幼稚なことか。八月十五日に韓国の野党の議員が靖國神社でデモンストレーションをやろうとしたとき、彼らの挑発行為によって騒乱が引き起こされる危険があるため、警察が止めたけれども、日本への入国を拒否したわけではない（注1）。理由を説明せずに言論人の入国を拒否するなど、民主国家として自殺行為です。

注1　韓国国会議員の靖國神社アピール事件　二〇一三年八月十五日、韓国の最大野党・民主党の国会議員が靖國神社を訪れて政治アピールをしようと図ったが、警察の説得を受け入れ、神社から五百メートルほど離れた場所で記者団に「日本の右傾化を憂慮する」等を訴えた。

法治国家ではない国と知性の劣った新聞

呉　以前にも一度、韓国への入国を拒否されたことがありました。二〇〇七年でしたが、母が亡くなり、葬儀に出るために済州島《チェジュ》に行ったときです。

石　えー。お母さんのお葬式なのにですか。

呉　そうです。「明日、母の葬儀があるので参加させて欲しい」と頼んでも入国が許されず、一日、空港に留め置かれました。たまたま近くにいた掃除のおばさんから携帯電話を借り、日本の知り合いに連絡することができました。知り合いが外務省にかけあい、済州島の日本領事館から話が入国管理のセクションにいって、「母親の葬儀に参加するための特別入国」という名目でやっと入国できたのですが、「母の葬儀参列以外の行動はすべて禁止する」と念を押され、その旨を念書のような感じで書かされ、出国するまで監視を受けました。

石　度量の小さい話です。

呉　韓国の新聞に載った記事は「韓国側の特別な配慮で、本来入国できない呉善花を特別に入れてあげた」と書かれていて、「いかに韓国人は心が広いか」というニュアンスが漂っていました。

石　（笑）。二〇〇七年というと、盧武鉉《ノムヒョン》（注1）政権時代ですね。

呉　そうです。

石　その後の李明博《イミョンバク》（注2）政権時代は入国拒否がなかった？

呉　そうです。ちなみに、李明博の後、朴槿恵《パククネ》（注3）が二〇一三年二月に大統領になりましたが、四月から五月にかけて韓国に行ったときは、特に何もありませんでした。

石　ということは、それ以降、韓国側で何かしらの変化が起こったわけですね。

呉　今、韓国は日本の安倍晋三政権を「軍国主義の復活」というイメージで見ています。反日の姿勢を明確に打ち出した朴槿恵政権からすれば、親日派の呉善花を叩くことが一つのパフォーマンスになると考えたのではないでしょうか。

石　確か四月に、呉さんは安倍総理の夕食会に出席しましたね。

呉　はい。その二日後、韓国の新聞が「極右と夕食会」と書いて、私を叩きました。折しも「歴史認識の問題は歴史の専門家に任せる」という安倍総理の発言が報道された後だったので、「日帝時代を評価する歪んだ歴史認識を持つ呉善花が、安倍総理の夕食会に出た」と報道されたんです。だから、私は格好の攻撃対象だったのかも知れません。

石　呉さんの入国拒否に関して、政府を批判するマスメディアはなかったのですか。

呉　ありません。批判どころか、韓国のほとんどの新聞が「よくやった」と政府の対応を支持する論調でした。

石　もし日本政府が理由を示さずに韓国の言論人の入国を拒否したら、おそらく朝日から産経まで日本の新聞はすべて日本政府を批判するでしょう。

呉　朝鮮日報は韓国の一流紙とされる新聞ですが、「韓国を誹謗中傷《ひぼうちゅうしょう》することで悪名高い韓国系日本人・呉善花氏が入国拒否されると、この措置に多くの人々が拍手を送った。記者自身も小気味《こきみ》よさを感じた」と書かれた記事が載りました。

石　ひどいなぁ。

呉　さらには、「同氏は六年前に済州島に来て入国拒否されている。それを知りながら意図的に入国拒否という場面を演出しようとしたのではないか」として、そんな場面を演出する動機について、「反韓商売で食っている呉善花氏としては、今回も商売になった」。つい一カ月ほど前は入国できたんですけど（笑）。

石　一流紙がねえ……。そんな謀略説は日本の夕刊紙でもあまりお目にかからない。新聞がその国の知性を物語るとするならば、今の韓国はかなり知性的に劣っていると言うより他にないですな。

注1　盧武鉉　第十六代大韓民国大統領（在任期間　二〇〇三〜二〇〇八年）。日本統治時代を経験していない世代から出た初めての大統領で、北朝鮮に対して金大中前大統領の宥和姿勢を受け継いだ。大統領退任後、不正献金疑惑で事情聴取を受け、二〇〇九年五月に自宅近くで投身自殺したとされる。

注2　李明博　第十七代大韓民国大統領（在任期間　二〇〇八〜二〇一三年）。ビジネス界から政界に転身し、「経済大統領」と期待された。

注3　朴槿惠　第十八代大韓民国大統領（在任期間　二〇一三年〜）。第五〜九代大統領・朴正熙の娘で、韓国では初めての女性の大統領である。

韓国では反日が超法規的行為になっている

石　私の個人的な感覚として、二〇一二年からの一年あまり、韓国の日本に対する外交姿勢はますます攻撃的、強硬的なものになっているように思います。

呉　まったく同感です。

石　始まりは前の李明博大統領のときでした。李明博は任期後半の時点で、突如竹島に上陸した（注1）。これは明らかに日本の主権に対する挑戦ですが、それでも気が済まなかったのか、日本側が天皇陛下の訪韓を求めていないのに、「訪韓したいのなら謝罪しろ」という話をして、日本人からすれば天皇陛下を侮辱されたと感じるような発言まで飛び出した（注2）。明らかに日本国民の感情をわざと刺激するようなことをやったわけです。

その後、大統領が朴槿惠に代わりました。彼女が大統領選挙で当選した頃から、父親の朴正熙《パクチョンヒ》（注3）が昔、日本の多大な援助を受けて韓国の近代化建設に成功したといういきさつもあったので、「新しい大統領が日本に対して違う姿勢を示すのではないか」と期待する人もいました。しかし、期待は見事にはずれ、むしろ李明博以上に歴史問題で執拗なほど日本を攻撃し始めました。

呉　そうです。

石　朴槿惠大統領は就任後まもなくの演説で、日本と韓国の関係について、被害者と加害者の関係は千年経っても変わらないということを言っています（注4）。まるで千年戦争を宣言したようにも感じさせる発言ですが、日本人からすれば「われわれの子孫の子孫の子孫も罪人にされるのはあまりにも理不尽ではないか」と思うようなことを平気で口にしたわけです。私が思うに、永遠に追及できるような原罪を日本人に背負わせたいのでしょう。

それから、最初にアメリカを訪問したのはいいとしても、アメリカ議会の演説でわざわざ歴史問題を持ち出し、オバマ大統領との会談においても、異例のことですが、日本の悪口を言った（注5）。そして、二番目の訪問先に中国を選び、中国と歴史問題で共同戦線を組むような話をしたり、伊藤博文を暗殺した男、今ふうに言えばテロリストの記念碑を中国に建てたいと言ったりした（注6）。

呉　安重根《アンジュングン》（注7）ですね。

石　そうそう。そうやっているうちに、これもまた信じられないような話だけれども、韓国出身の潘基文《パンギムン》国連事務総長が自分の置かれた立場を完全に逸脱して、一方的に日本を攻撃するような話をした（注8）。これはおそらく国連の歴史上、前代未聞のことです。完全に中立でなければならない国連の事務総長が、そこまでやってしまう。

さらに、私が個人的にものすごく憤りを感じたのは、二〇二〇年のオリンピック開催地決定の前、一番肝心のところで韓国政府が福島県などの水産品の全面輸入禁止を発表したことです（注9）。韓国はいわゆる汚染水問題で輸入禁止としたのに、その対象になった地方自治体には汚染水と関係のない群馬県なども含まれている。どう考えても唯一合理的な解釈は「禁輸措置によって東京のイメージダウンを謀《はか》り、東京オリンピックを潰そうとした」ということでしょう。

そこまで日本に敵対する。では、いったい、どこまでやるのか。日本の国益を損なうことならば、何でも喜んでやる。日本人を傷つけることができるならば、何でもやってしまう。そういう「なりふり構わずの反日」という感じがします。しかも、それが一部の人間に止《とど》まらなくて、現職の大統領から国連事務総長である韓国人まで含まれているのだから、国家的反日行動に至っていると言わざるを得ません。呉さんは韓国全体の動きをどう御覧になっていて、その背景をどう分析しているのでしょうか。

呉　前の李明博大統領のとき、最初は親日的でした。歴代の大統領はだいたいそうなのです。前半は親日的な姿勢を示し、時間が経って国内でいろいろな問題が起きると、反日に目を向ける。これが今までのパターンです。ところが、朴槿恵大統領は最初から反日の姿勢を強く打ち出しました。それも、おっしゃったような異常なまでの反日です。

石　そうですよね。

呉　しかも、日本人だけではなくて世界の人々から見ても理解できないような、反日姿勢を示しています。おっしゃったように、国家を挙げての反日という異常な事態が韓国で起きている。たとえば、法律的なことまで全部破ってしまう。新日鐵や三菱重工の判決問題（注10）がそうです。裁判所は日韓基本条約（注11）締結時の約束を無視して、徴用された韓国人が日本の企業に請求することを認めた。国際法の常識としてあり得ないことです。

石　そんな言い分がまかり通るようでは、約束をいつ覆《くつがえ》すかわからない国として韓国は国際社会での信用を失いますよ。

呉　司法までも反日。つまり、今や韓国の反日問題は超法規的なものになっています。国際法であろうとも何であろうとも、そんなことは関係ないというところまでいってしまった。これは極めて残念でなりません。それでいて、反日が韓国に何か利益をもたらすかというと、利益どころか、むしろ損ばかりです。

石　そこが一番理解できないんですよ。あとで中国の話もしますが、中国の反日は戦略的なものです。必ず中国のためになにかプラスになるようにやっている。ところが、韓国の反日はどうも様子が違う。私から見れば、「そんなことをやっても、韓国のためにならないのに」と首を傾《かし》げたくなります。

呉　ですから、今の韓国の反日は異常なのです。これはかつてなかったような状態で、以前は少しは冷静なところがありました。

石　どこかで歯止めをかけたわけでしょう？　反日の行き過ぎに対して国内で異論を呈するような……。

呉　そうです。

石　今はほとんどありませんね。

呉　ほとんどありません。本当に常識では考えられない……。

石　私は産経新聞に寄稿していますが、朝日新聞に私とまったく反対の意見が載ったりする。新聞はそれぞれに論調があるわけで、それが健全な民主国家だけれども、呉さんの入国拒否の一件に関しても、潘基文の発言に対しても、あるいは福島などの水産物への不当な禁輸についても、韓国国内で新聞・マスコミ・有識者から一切異論がない。これら一連のことから見て、韓国が法治国家でないことがわかったし、健全な民主国家でないこともわかった。普通はそう判断しますよ。

注１　李明博大統領の竹島上陸　二〇一二年八月、韓国大統領として初めて李明博が竹島に上陸した。

注２　李明博大統領の天皇謝罪発言　二〇一二年八月、李明博韓国大統領は天皇訪韓に関して、「痛惜の念というわからない単語を持ってくるだけなら、来る必要はない。韓国に来たいのであれば、独立運動家をまわって跪いて謝るべきだ」などと発言した。

注３　朴正熙　第五〜九代大韓民国大統領（在任期間　一九六三〜一九七九年）。日韓基本条約を結んで、日本から資金を引き出し、「漢江の奇跡」と呼ばれる高度経済成長を実現させた。

注４　三・一節の朴槿恵大統領発言　二〇一三年三月、朴槿恵大統領は三・一節（抗日運動の記念日）の政府記念式典で、加害者と被害者の立場は千年の歴史が流れても変わらないと演

説した。

注5　米韓首脳会談での朴槿恵大統領の発言　二〇一三年五月、アメリカを訪問した韓国の朴槿恵大統領はオバマ大統領と会談した。韓国の政府関係者は朴大統領が「北東アジアの平和のためには日本が正しい歴史認識を持たねばならない」と話したことを明らかにした。

注6　安重根記念碑の提案　二〇一三年九月に中国を訪問した朴槿恵大統領が中国の習近平国家主席に、安重根の記念碑を建立したいと提案した。翌二〇一四年一月、ハルビン駅に安重根記念館が開館したと報じられた。

注7　安重根　一九〇九年に伊藤博文枢密院議長をハルビン駅で銃撃した暗殺犯。ロシアの警察が逮捕し、身柄が日本に引き渡されて、死刑となった。

注8　潘基文国連事務総長の日本批判　二〇一三年八月、母国の韓国を訪れていた潘基文国連事務総長が、歴史認識問題で日本と中国・韓国が対立していることに関して、「日本政府と政治指導者は自らを深く顧みて、国際的な未来を見通すビジョンを持つことが必要だ」と中国・韓国側に立った発言をした。

注9　韓国の水産品輸入禁止問題　二〇二〇年の夏季オリンピック開催地が決定される前日

の二〇一三年九月六日、東京電力福島第一原子力発電所で汚染水が漏れたことに関して、韓国政府が福島、青森、岩手、宮城、茨城、栃木、群馬、千葉の各県からの水産物を全面禁輸にすると発表した。

注10　新日鐵や三菱重工の判決問題　戦時中に徴用された韓国人が新日本製鐵に損害賠償を求めた訴訟で、二〇一三年七月、ソウル高等裁判所は原告の訴えを認める判決を出した。また、徴用された韓国人が三菱重工業に損害賠償を求めた訴訟の差し戻し控訴審で、同じく七月に釜山高等裁判所は原告の訴えを認める判決を出した。日本政府は一九六五年の日韓請求権協定で個人請求権問題は消滅したとの立場を取っている。

注11　日韓基本条約　一九六五年に結ばれた「日本国と大韓民国との間の基本関係に関する条約」の通称。この条約によって国交正常化がなされた。なお、同条約に付随して「財産及び請求権に関する問題の解決並びに経済協力に関する日本国と大韓民国との間の協定」が結ばれ、日本は朝鮮への投資や日本人の個別財産をすべて放棄して多額の経済援助を与え、韓国は対日請求権を放棄することに合意している。

九十五歳の老人を撲殺した「狂気」

呉　二〇一二年の夏から始まった反日のあり方は、どう考えてもおかしいんです。もはや普通の状態ではなくて、もっとひどい言葉を使いたいほどです。それぐらい異常な、日本に対する敏感な姿勢が、今の朴槿惠大統領になってからさらに加速しました。

石　呉さんはきつい言葉を使いたくないとのことですが、「集団的反日狂気に韓国全体が陥っている」というようなことを私は書いた覚えがあります。

呉　韓国のマスコミ、あるいは民間の団体でもいいのだけれど、行き過ぎに歯止めをかける何かがなければならないですね。

石　民主社会は本来そうであるべきです。

呉　ところが、今の韓国は北朝鮮並みです。反日となると、政府のやっていることに誰も文句を言えないし、あるマスコミが反日感情をぶちあげると、それに対して他のマスコミはどこも反論できない。また、これだけのネット社会ですから、ネットでいくらでも自由に言えるはずなのだけれども、反日に関してだけは事実上の制限もあってネットでもほとんど反発する人がいない。まるで一律に洗脳された国であるかのような光景です。

石　本当かどうかわかりませんが、韓国で九十五歳のおじいさんが「日本の植民地時代は良かった」と言っただけで、三十八歳の男に殴り殺されたという報道をなにかで読みました。

呉　そこまでになってしまう。日本時代が良かったということすら言えない。冷静な人たちはいるはずなのだけれども、そのような人たちが発言をしていない。それは発言したくてもできないという状況下にあるのだと思います。

石　そういう社会的圧力を見ると、韓国は反日ファシズムに熱狂しているのではないですか。

呉　おっしゃるようにファシズムに陥っていますね。

石　どうしてそういうような一辺倒の状態になってしまったのですか。

呉　前の李明博大統領の場合、初期はそれでもなんとか日本とうまくやっていこうとしていました。中期以降になると、国内統治がうまくいかない。それで反日ということに目を向けて、竹島に上陸したり、天皇に対する失礼な発言をしてしまった。これは今までの韓国の政治のあり方と言ってもいい。

石 政権運営がうまくいかなくなったら反日でやろうというパターンですね。

呉 そうです。それまでは大統領を含めて結構日本のことを知っている人たちや親日的な人たちが上のほうにいました。だから、表面で反日発言をするものの、実際はそこまでやらなかった。しかし、李明博は従来の大統領とは異なります。李明博が竹島に上陸したり天皇に対する発言をしたとき、私がそこで感じたのは、反日教育を受けた世代の人に共通する認識があるということです。

石 どういう認識ですか。

呉 李明博は幼い頃、日本で暮らしていましたから、日本と接点を持ちたいという気持ちはあったでしょう。しかし、物心《ものごころ》ついてから韓国でずっと反日教育を受けた。イデオロギーだけでつくられたイメージというのは、実際に体験して得たイメージよりも恐ろしいものになっているんです。そして、それが根強くあるために、反日政策を採った場合、逃げ道をつくることができない。しかも、現実の日本のことをよく知らないので立ち止まることができず、どこまでも走ってしまう。

石　なるほど。

呉　さらに、李政権の前の盧武鉉政権と、その前の金大中《キムデジュン》（注１）政権の十年間で、異常な反日を生む社会的な基盤ができあがっていました。

石　どういうことですか。

呉　金大中と盧武鉉の十年間で親北朝鮮という気運が確立されたのですが、親北朝鮮が反日とリンクする構造ができてしまったのです。これが大半の民衆の気持ちをとらえ、今の反日の根っこにあります。

石　親北朝鮮が反日とリンクする？

呉　李明博が大統領に就任したとき、最初は親北朝鮮の動きに反発して、反北朝鮮に向けると同時に、親日的な態度を取りました。しかし、結局のところ、うまくいかず、親北朝鮮の流れがそのままになって、金大中と盧武鉉の十年間につくられた基盤が残った。それがあるから、大統領になった朴槿恵はお父さんが親日といわれることに後ろめたさを持ってしまう。それが徹底的に反日姿勢を見せることにつながっているととらえなければならないでしょう。簡単に言うと、そうなります。

注1　金大中　第十五代大韓民国大統領（在任期間　一九九八～二〇〇三年）。北朝鮮に対して宥和政策を採り、北朝鮮の金正日総書記と南北首脳会談を実現させたことなどで二〇〇〇年のノーベル平和賞を受賞。二〇〇九年に死去。

韓国人は金正日をかっこいいと思うようになった

呉　異常な反日を生む社会的な基盤についてもう少し詳しく話をしましょう。

石　どうもそこが肝心のように思います。

呉　金大中と盧武鉉が大統領のときに、北朝鮮に対して宥和《ゆうわ》政策を採りました。

石　いわゆる太陽政策ですね。

呉　ええ。金大中は韓国も北朝鮮も同じ民族、同胞だということで、宥和政策を採った。これが太陽政策と呼ばれるのですが、そのときにかつてスパイ活動をした人を解放し、英雄化していきます。それから、金大中は北朝鮮からスパイをどんどん入れたとみられていいます。三十八度線を越えることができないので、船で遠くをまわったりして、うまく国内に入らせたりしたといわれます。また、韓国の親北朝鮮派の人たちが北朝鮮との間を行き来することも可能にしたので、北朝鮮に行って金正日《キムジョンイル》（注1）の指示を受け、韓国で活動することが自由自在にできていたわけです。

石　そうでしたか。

呉　彼らは様々な運動団体をつくりました。政治団体までつくっています。そうやって親北朝鮮・従北という基盤ができていった。これが反日と結びつくのです。

石　ああ、そういうことですか。

呉　今の国民の半分は親北朝鮮の感情を持っていますが、親北朝鮮・従北派の運動家たちは、それを隠していいます。前面に出すと、国内に拒絶反応が出ますから、親北朝鮮の活動を隠すために強烈な反日をするんです。たとえば従軍慰安婦運動をする人たちのなかに、親北朝鮮派が多いです。この親北朝鮮派はマスコミや政治、企業にも入っていて、あらゆるところで活動しています。

石　なるほど。

呉　それまではずっと反北朝鮮、反共産主義という教育を韓国人は受けてきました。私もそうだったけれども、北朝鮮イコール共産主義イコール悪魔という感じで教えられ、金正日などはまさに悪魔のイメージでした。

石　なるほどね。わかります。

呉　ところが、金大中と金正日の南北首脳会談を境に、韓国人の北朝鮮に対するイメージは一変します。

石　北朝鮮という悪魔が悪魔ではなくなってしまったのですか。

呉　そうです。これがすごく大きい。まず、金大中が北朝鮮に行ったときに、飛行機を降りると、そこで金正日が待っていて迎えたでしょう。迎えに出るというのは、「年上の金大中を尊重した」ということです。そして、金正日は金大中を前に立たせて一歩後ろを歩いた。これも「年上の人を先にした」ということです。韓国ではその姿がテレビで放映され、それを観た韓国人の金正日に対するイメージは大きく変わりました。

石　もう悪魔でも何でもない。ちゃんとした紳士ですな。

呉　むしろ儒教社会的要素があるのではないか、という見方が強かったですね。共産主義には儒教も何もないと思っていたのに、「年上の人を大事にする金正日って儒教的ですごいね」ということになるわけです。

石　なるほど、なるほど。

呉　さらに朝鮮半島で子どもの頃から帝王教育を受けた人は、金正日ぐらいしかいません。だから、パフォーマンスから何から、金正日はものすごく余裕を見せる。韓国の場合は選挙で当選すればいきなり大統領になるので、権力のトップに立つだけの素養を身につける帝王教育を子どもの頃から受けた人はいません。

石　おっしゃりたいのは、トップとして人物的に負けるということですか。

呉　そうです。噂によると、金正日は大勢の人々の前での話は下手だけれども、少人数だとすごく上手らしい。一人ひとりの名前を全部覚えていて、気配りとか目配りとかするそうです。金大中といっしょに行った韓国のマスコミの人たちがこれをやられた。それまで金正日の声を聞いたことがなかった記者たちが、「何々さん」と呼びかけられたら、みんないい気持ちになるでしょう。それで金正日は素晴らしいという記事を韓国へ流すわけです。

石　御存じのようにあの人は映画監督もよくやったのですね。

呉　そうです。

石　だから、演出がうまい。それに韓国国民が完全に騙《だま》されたわけか。

呉　もう一つ、韓国人が驚いたのは、夜のパーティの席でした。金大中との会談でもそうだったけれども、金正日はウイットに富んだ会話ができる。すっとユーモアのある話をしたりするのです。その様子が生中継で韓国で流れました。これを観て韓国人はみんなびっくりしましたね。

石　どんな気のきいたことを言ったのですか。

呉　たとえば、パーティ会場で金大中が奥さんと離れたことがあり、金正日が「奥様はどこに行かれたのですか」と聞いたら、金大中が「ちょっと離れている」というふうに答えた。すると、「ここでまで南北離散家族をつくろうとしているのですか」と言って、会場で皆が笑う。

石　なるほどね。

呉　そのようなウイットに金正日は富んでいたみたいです。ウイットに富んだ会話ができるのは紳士だというイメージがあります。悪魔だった人がいきなり紳士に見えたときのショックはすごいですよ。だから、金正日は素晴らしいということになるわけです。

石　最大の悪魔だった金正日が同じ民族の善人に変わったわけだ。

呉　そうなんです。金正日を見ると、韓国でなくなりつつある儒教的な規範を全部持っている。しかも、朝鮮民族は日本人と違って、話上手が尊敬されます。日本人は口のうまい人を怪しいと思うでしょう（笑）。ところが、韓国人はとにかく話の上手な人が受ける。韓国では金大中が一番演説がうまいと言われていた。ところが、その一番演説のうまい人が印象としては金正日に負けてしまう。そして、北朝鮮に行ったマスコミの人たちはみんな金正日ファンになってしまった。その結果、金正日は素晴らしいということになって、韓国で金正日ブームが起こったほどです。

石　そうだったんですか。

呉　金正日の人形みたいなものまで売られたのですよ。

石　韓国で?
呉　ええ。金正日がかっこいいということになってしまったのです。
石　あのスタイルで?
呉　そうです。外見はかっこ悪い人が、パフォーマンスがいいということで、かっこいい人になったのです。
石　へぇー。

注1　金正日　朝鮮民主主義人民共和国（北朝鮮）の政治家、軍人。同国を建国した金日成の長男で、最高指導者の地位を継承した。二〇一一年に死去。

北朝鮮のイメージを一変させた南北首脳会談と美女軍団

呉　南北首脳会談の後、韓国の民衆の気持ちをとらえるために金正日は、二〇〇二年に釜山《プサン》で行われたアジア大会（注1）に美女軍団を送り込みました。

石　はいはい。北朝鮮の若い美人で構成された応援団のことは、日本でも新聞やテレビで取り上げられました。

呉　私は日本の企業団体といっしょにアジア大会に行ったのですが、ちょうどあの頃、日本では拉致事件が発覚し、被害者を日本へ連れて帰るというニュースでいっぱいでした。このときの日韓の温度差はすごかったですよ。韓国では拉致被害者の話など新聞の隅《すみ》に載っている程度で、まず目に飛び込んでくるのは、北朝鮮の美女軍団。「なんて美女が多いんだろう」ということで、韓国の男たちはメロメロになった。特に年配の男たちは「韓国の女性は欧米化されて彫りが深くなってしまった。しかし、韓国にいなくなってしまった古き時代の女の人が北朝鮮にはいる」「厚い化粧はしているけれど、純粋でおっとりとした美女たちがいる」ということで、大いに熱を上げました。

石　そもそも男は美人に弱い（笑）。

呉　美女軍団の一人ひとりを雑誌などがクローズアップして、インタビュー記事が載ったりしました。そこで、キム何々さんが「好きな食べ物は何か」と聞かれると、キムチだったり何々鍋だったりと、韓国の食べ物が答えとして返ってくる。「好きな音楽は」という質問には、朝鮮の民族音楽と答える。みんな韓国人と同じものが好きだということです。その記事を読んだ韓国人はどうなるか。「北朝鮮の人は韓国人と同じではないか」と思ったんです。要するに、「北朝鮮は食べ物が足りないだけであって、私たち韓国人とまったく同じだ」という印象を持った。当然、それまでの「北朝鮮は別世界である」という韓国人のイメージが崩れていくわけです。

石　なるほど。わかります。

呉　そこで終わりではありません。さらに金正日は、二〇〇三年に大邱《テグ》で行われたユニバーシアード大会（注2）に三百人ぐらいの大学生からなる美女軍団を送り込みました。アジア大会の美女軍団は二十代で厚い化粧をした美女でしたが、大学生たちは化粧気がなくて、ものすごく純粋な感じがするでしょう。

石　それはそうですね。

呉　しかも、日本人ならば辛い物が嫌いだという人もいるだろうけれども、同じ民族ですから、彼女たちは韓国の食べ物をなんでも喜んで食べ、韓国の食べ物がいかにおいしいかということを話す。だから、彼女たちに弁当をプレゼントする人たちも現れました。

石　（笑）。

呉　当時、日本も世界も北朝鮮のミサイル開発問題が大きなニュースになっていました。韓国でもニュースになってはいたけれど、北朝鮮の美女たちに圧倒されてしまった。こんな純粋でソフトな女たちとミサイルや核開発は結びつかないんです。そう思わせようという戦略的な意図があったと思いますが、南北首脳会談、アジア大会の美女軍団、ユニバーシアードの美女軍団と、大きくこの三つで、一般の韓国人たちが持っていた北朝鮮のイメージが完璧に崩れ、それに伴って北朝鮮に対する敵対心が薄れてしまったのです。

注1　アジア競技大会　アジアオリンピック評議会が主催する、アジア諸国による競技大会。第十四回大会は二〇〇二年に韓国の釜山で開催された。

注2　ユニバーシアード　国際大学スポーツ連盟が主催する競技大会。「学生のためのオリンピック」とも言われ、大学生・大学院生（大会の前年に卒業した者も含み、年齢制限がある）が

出場できる。二〇〇三年は韓国の大邱で開催された。

血のつながっていない日本人やアメリカ人は「反民族」の敵である

石　呉さんのお話をお聞きして思ったことですが、従来の韓国は北朝鮮という敵があり、敵が凶悪な悪魔であるというイメージで一つの国としてまとまってきた。おそらく、国民意識も体制もね。しかし、ある日突然、金正日のイメージ作戦で北朝鮮という悪魔像が完全に崩れた。それは韓国にとって最大の敵がなくなったことを意味します。その空白を埋めるのには別の敵、別の悪魔が必要だ。それがひょっとしたら日本になったのではないですか。

呉　そうです。それまでは反共産主義と反日があって、どちらかというと反共産主義のほうが強かったんです。

石　実際に北朝鮮の軍事的脅威に直面していましたからね。

呉　戦争は日本からでなくて、北朝鮮から起こるのではないかという危機感がずっとありました。ところが、北朝鮮の人たちも同じ民族なんだということで、最大の敵がなくなり、そこに巨大な空白ができた。これはものすごく大きいのですね。

石　大きい、大きい。

呉　と言っても、北朝鮮という悪魔像がなくなって、その代わりに必要な悪魔像として日本が残ったという単純な話ではなく、もっと複雑な問題があります。この後、いろいろな団体が南北交流を盛んに行うなかで、先ほども少し触れましたが、北朝鮮にとってはやりたい放題の環境になりました。そのまま金大中から盧武鉉に政権が移ると、韓国における今までの様々なあり方は間違いだったという方向を向き始めるんです。

石　どういうことですか。

呉　たとえば、北朝鮮の場合は金日成《キムイルソン》（注1）が親日派を一掃し、「我が民族」という主体性を持った。それに対して、韓国はしっかりとした軸がなくて、アメリカ化されるなどブレている。韓国は我が民族の主体性をなくし、恥ずかしいよということになったのです。

石　なるほど。

呉　御存じのように、北朝鮮は主体思想、チュチェ思想というものをつくりあげました。このチュチェ思想というのは、簡単に言うと現代北朝鮮の儒教イデオロギーであり、とにかく血のつながった「我が民族」同士で生きようという考え方なのだけれども、北朝鮮でつくられたこの思想が韓国に入りたい放題入って、若者たちに受け入れられました。韓国は資本主義なのでイデオロギーの強い思想がないけれども、北朝鮮のチュチェ思想を見ると、きちんとした軸、哲学があると考えられた。また、韓国人にも心情的によくわかるものなんです。

石　おそらく日本の安保闘争時代の若者たちが毛沢東《もうたくとう》（注2）思想に憧《あこが》れたりマルクス（注3）主義に憧れるのと似たようなことでしょう。確かに、毛沢東思想もマルクス主義も一つの理想的な軸を示しています。

呉　さらにチュチェ思想には儒教的な要素があるからです。

石　より共感しやすいわけですね。

呉　そうです。チュチェ思想は儒教をうまく整理して、体系的にしたものですから、韓国人はよくわかる。そして、チュチェ思想をつくった北朝鮮と比べて、韓国の場合は民主主義だからこれといった思想がない。そのため、若者たちが「チュチェ思想は素晴らしい」ということになっていくわけです。

石　民主主義は手続きですから、思想は何もないですよ（笑）。

呉　しかし、そのあたりは理屈ではなくて、とにかく韓国はつかみどころがないのに、北朝鮮の場合は一つの軸があると思ってしまう。だから、「北朝鮮のように貧しくなりたくないが、その価値観、考え方は、私たちも受け入れるべきではないか」ということになっていったわけです。

石　なるほど。

呉　盧武鉉政権は反米の立場を強め、「我が民族」が主体になって、「これからは朝鮮半島を中心に世界はまわる」という考え方を打ち出しました。「今までは日本が大陸に行くために朝鮮半島が橋として利用された。これからの時代は朝鮮半島が中心となって東アジア共同体がつくられ、世界が東アジア中心になっていく。そのとき、我が国は世界の一番の中心になる」という論です。要するに、経済的には問題があるとしても、北朝鮮のチュチェ思想の軸と韓国的なものを合わせれば、素晴らしい理想世界をつくることができるというものです。

石　いわゆる北東アジアのバランサー論ですね。

呉　それから、「我が民族」の主体性を持ちましょうということになって、北朝鮮と似たような歴史教科書をつくりました。その教科書は反米、反日です。北朝鮮は徹底的に反米路線、反日路線を採りましたから。

石　当然、そうなるでしょう。

呉　民族主義と同胞愛を強調すると同時に、血がつながっていない民族に対しては「反」。だから、日本もアメリカも反民族なのです。反米といっても、今まで親米だった韓国人は心底から反米にはなれない。そこで反日政策を徹底的に採るわけです。

石　恐ろしいな。

注1　金日成　朝鮮民主主義人民共和国（北朝鮮）の政治家。満洲で抗日活動に参加し、ソ連の支持を受けて北朝鮮を建国。死去するまで最高指導者の地位にあった。

注2　毛沢東　中華人民共和国を建国した政治家。一九七六年に死去するまで最高指導者で

あり続けた。大躍進政策、文化大革命など、負の面があり、国内の評価は一様ではない。

注3　マルクス主義　カール・ハインリヒ・マルクスは十九世紀の思想家。『資本論』『共産党宣言』などの著書で知られる。その思想は「マルクス主義」（科学的社会主義）と称され、二十世紀に大きな影響を与えた。

李明博と朴槿恵に共通する「帰り道のない反日」

呉　盧武鉉政権は、親日派たちを国家の重要なポストにつかせた過去の政権を強く非難した。そして、いわゆる親日法（注1）という法律をつくって、日本統治時代に公務員だった人などを探し出し、財産没収まで行なった。つまり、親日派たちを一掃しようとしたのです。

石　あれは民主国家では考えられない法律ですね。

呉　その流れの中で「日本統治時代を評価してはいけない」というようなことにまでなっていきます。

石　野党の側はどうだったのですか。

呉　当時の野党は今の与党ですが、親北朝鮮に対しては反発し、親日派一掃については大いに賛成しました。戦後、韓国では「反日イコール愛国」という構図ができあがっていきます。与党も野党もみんな、「愛国」という言葉には弱く、反日に抵抗できない。

石　なるほど。

呉　当時、今の大統領の朴槿恵が野党で力を持ちそうになっていました。それを潰すためにもお父さんの朴正熙が親日派の一番代表的な人物だとされ、朴槿恵は「親日派の子どもだ」と、ひどく叩かれました。だから、大統領候補に名乗りをあげたとき、自分が親日派であることと親日派のお父さんのことを否定し、さらにお父さんがクーデターを起こしたことを反省した。そこから朴槿恵という大統領はスタートしています。「親日派の子ども」ということが嫌でならないのでしょう。

石　それを払拭《ふっしょく》するために、より一層反日の姿勢を打ち出すんですね。

呉　その面もあると思います。ただ、大きな流れとして、「反日イコール愛国」という基礎が全国民の間でつくられてしまっていますから、真正面から反日を避けることはできません。朴大統領のお父さんの場合は日本のことをわかった上で反日教育を行なったから、バランスが取れたのだけれども、朴大統領は日本のことをあまりよくわかっていないように見受けられます。そのために李明博と同様、反日からの帰り道がないという状態を作ってしまいました。

石　現実の日本を知らず、反日教育を受けて育ったという点では、前大統領の李明博も現大統領の朴槿恵も共通しているわけですか。

呉　今の朴大統領は反日教育を受けた世代だけに、反日に酔っている可能性もあります。いずれにしても、反日教育を受け、しかも親日というレッテルを貼られたことから逃れようとしたことも踏まえると、今は後戻りできないほど反日になっているのではないでしょうか。

石　なるほどね。

呉　今回の大統領選挙でも「親日派の子どもだ」ということで徹底的にやられました。大差をつけて勝てばよかったのだけれども、ほんのわずかの票差で勝ったことの影響もあるでしょう。ちなみに、朴大統領の反対派は親北朝鮮ですから、もしそこが政権を握った場合は、韓国が北朝鮮と同じになっていくはずです。再び盧武鉉政権時代の対北朝鮮政策を導入しますから。

注1　親日法　大韓民国の「親日反民族行為者財産の国家帰属に関する特別法」の通称。二〇〇五年に可決、公布された。大統領直属の機関として「親日反民族行為者財産調査委員会」を設け、親日だった反民族行為者の財産を国家に帰属させるための法律である。事後法等の問題点が指摘されている。

死んだ金正日の亡霊が韓国を操っている

石　金大中、盧武鉉という二人の大統領の時代に、反米と反日が社会的な基盤になったという分析でしたが、一方の反米はどうなのですか。

呉　反米の場合はそれほどでもありません。

石　さすがに反日のようにストレートな反米はできないでしょう。アメリカはあまりにも巨大で、やったら代償が高くつく。彼らにとって大きなコストを払わずにできたのは、反日だけですな。

呉　そうですね。それから、「韓国と北朝鮮とは同じ」という感覚と、実際に感覚や感性が同じということが大きいですね。似たような顔をしているけれど、日本とは長年付き合っても同じという感覚は持てないし、情緒面も習慣も大きく違います。だから、反北朝鮮から反日に移行しやすい。

石　なるほど。最近の韓国の異常な反日がどうして生じたか、いろいろな本を読んだし、いろいろな話も聞きました。今のお話はおそらく一番深いところを突いていると思います。腑《ふ》に落ちました。私なりにまとめるならば、盧武鉉大統領時代に韓国の国民精神、心あるいはイデオロギーが北朝鮮に乗っ取られた。体は韓国だけども、頭、心は知らず知らずのうちに北朝鮮になった。そこが一番大事なところでしょう。

呉　そうなんですよ。

石　だから、今の韓国は北朝鮮のような国になっていて、反日一辺倒の流れに歯止めがない。要するに、民主主義の体を持ちながら頭が北朝鮮だから、ファシズムになってしまう。

呉　反日が愛国に結びついたときに、みんなが弱くなってしまうのですね。

石　北朝鮮に乗っ取られた「新生韓国」では、反日がイデオロギーの中心になり、野党も与党も大統領もこれに流されてしまうしかない。なるほど、そういうことか。

呉　しかも、日本人の場合は愛国という言葉にアレルギーみたいな反応を示すでしょう。それとは逆に、韓国ではずっと愛国という言葉が唱えられてきた。かつて愛国の要《かなめ》が反北朝鮮と反共産主義だった頃は、「共産主義がいかにひどいか」ということを一所懸命語っていましたが、今はそんなことをあまり言わなくなりました。

石　そうでしょう。昔は北朝鮮が敵だったけれど、今は同じ民族であり、敵ではない。そして、韓国と北朝鮮が同じ民族として立ち向かう敵が日本なのですから。

呉　そうです。反北朝鮮と言っても愛国には結びつかなくなり、反日となると、それだけで愛国と結びついて胸が熱くなる。そうすると、政治家が有権者の票を得るため、与党も野党も「自分は愛国だ」ということを表面上で国民に見せようとして、誰が先に竹島に上陸するかということで競争になるわけです。

石　愛国反日競争ですな。

呉　だから、竹島に上陸するときには記者たちを連れていくし、靖國神社に野党の議員たちが来たときもカメラマンを連れてきました。そして、靖國神社に入れないから五百メートル離れたところで「こんな抗議をした」という証拠写真を撮らせ、「靖國神社に入るというのは命懸《いのちが》けだ。命を懸けて私は日本で反日をやった」とアピールする。それがイコール愛国。それを韓国国民に見せたいということでしかない。

石　結局、すべての政治勢力に共通する土台が反日。それしかない。

呉　しかし、ああいう反日は愛国でも何でもありません。では、誰が愛国者なのかということになるのだけれども、少なくとも今の反日は本当の愛国ではない。形だけ、表面だけの愛国です。

石　今の韓国の反日愛国はまったく愛国ではないですね。なぜなら、韓国のためには何もなっていない。

呉　なっていないどころか……。

石　むしろ、どう考えても韓国の長期的な国益にまったく反する。

呉　そうです。

石　今の韓国は自分のために行動しているると思っているだろうけれども、実際は北朝鮮に操《あやつ》られている。言わば、「死んだ金正日の亡霊が韓国を操っている」という感じです。

呉　そうですね。

石　これはおもしろい現象です。おそらく天国には行っていないだろうから、金正日は地獄で笑っているよ。呉さんに話を聞かないと、そこはわからなかった。

呉　私は今、そのあたりのことを調べています。現在の韓国の反日を見るには親北朝鮮派勢力の動向が大きな鍵になるんです。

石　そういう意味では、この数年間の韓国の豹変《ひょうへん》ぶり、異常なほどの反日になったことは、日本がどうしようと関係ない話ですね。安倍政権であろうと民主党政権であろうと、歴史を認めても認めなくても、慰安婦問題を日本政府がどう対処したとしても、韓国の反日は変わらない。

呉　そうです。

親北朝鮮派が主導した「過去の清算」

呉　親北朝鮮派について、少し補足しておくと、盧武鉉政権で一番軸となったのは過去清算です。対象は、親日派と軍事政権でした。北朝鮮は戦後、徹底的に「我が民族」ということを軸にしていたけれども、韓国の場合は日本から独立するや否や、すぐに政治が米軍政下に置かれました。そのとき、治安の問題とか安全保障の問題も含めて、日本統治時代に公務員だった人たちや主な機関で幹部だった人たちがそのまま公務員であったり、主な機関の幹部として採用されます。それを朴正煕大統領の時代も引き継いだ。この親日派たちが韓国をダメにしたということで、そういう過去は清算する。それから、軍事政権に対する過去清算。現代の人たちにしてみれば、「民主主義ではない軍事政権」というと、いかにも悪魔みたいな感じがするでしょう。

石　なるほど。

呉　「日本統治時代はひどかった。しかし、これからは悪《あ》しき親日派を駆逐《くちく》して、『我が民族』は大いに発展するのだ」と言えば響きがいい。また、民主主義を弾圧した軍事政権を断罪することは今の民主国家とつながります。しかも、そこで保守派と進歩派という分類が一つの価値を持ってくる。今の与党を保守派とすると、日本統治時代の流れをそのまま引き継ぎ、軍事政権の流れも加わっている保守派というのはどうしようもない。しかし、進歩派——本当は親北朝鮮派——は未来的であるし、「我が民族」の主体性を尊重すると同時に、軍事政権の印象の強い保守を変えていくことは民主主義である。それを表面に打ち出すわけです。そのようにきれいごとにつながると、あたかもそちらのほうが正義であるかのように見えます。

石　そういうふうにつくりあげられたら、一つの完璧な世界観になりますね。

呉　そうなんです。そして、それに洗脳されると、「アメリカ化からも独立しましょう」という動きが出てくる。欧米化されたことの副作用は少なくないし、それに対する社会的な不満が韓国内にはたくさんあります。たとえば貧富の格差がその一つですが、韓国では西洋的な個人主義に対する反発が結構強いんです。「我が国は個人主義の伝統を持っていない。家族主義で血を大事にしていた。ところが、個人主義が主流になり、倫理も社会治安も崩壊している」。そういう不満を持つ人たちに、「欧米化ではなく、もっと『我が民族』の特性を大事にしよう」と言ったら入りやすいでしょう。

石　呉さんがおっしゃるように、おそらく一つの要素として、この数年間の社会状況も見落とせません。経済が停滞して失業率が高まり、貧富の格差が拡大した。それから、政治的腐敗も蔓延《まんえん》した。そういう中で国民の不満が高まってくる。それをすべて片付けるのに、反日は格好の手段になります。

呉　ただ、盧武鉉政権のときは、社会的な不満が政策遂行上で都合がよかったんです。北朝鮮の場合は社会主義のシステムを導入した。でも、北朝鮮は貧困すぎる。だから、社会主義的システムだけではいけないが、貧富の格差をなんとかしようとして、財閥解体をしたり、貧困の人たちへの分配平等という政策を盧武鉉政権は導入しました。その際、「社会的な貧富の格差は欧米化されたことの副作用だ」と言ったら、国民にすっと受け入れられる。「北朝鮮のような国は成り立たないけれども、ある程度導入しながら」と言ったら、ものすごく受けがいいのです。

石　盧武鉉政権時代は反日一辺倒ではなく、不満や憎しみのエネルギーを北朝鮮化に使っていたわけですか。

呉　きれいごとは社会を円満にします。韓国の特徴は、それが反日と親北朝鮮に結びついていることで、他の国にはない問題です。親北朝鮮派の人たちはきれいごとに乗っかって韓国の北朝鮮化を進めました。親北派が様々な団体をつくって運動していることは先ほども話しましたが、彼らは「北朝鮮万歳」とは言わずに、「アメリカ化はおかしい」「親日は最悪」「我が国のやり方、朝鮮の伝統的なものがいい」というところからじわじわと攻めるんです。

石　具体的にはどういう例がありますか。

呉　健康ブームは世界的に共通することですが、韓国では漢方がブームです。そこでは「欧米的な医療は副作用もたくさんあるから、朝鮮の韓方薬がいい」とか「朝鮮の自然食が体にいい」と言って、欧米化を否定する方向に向けている。ヘルシー志向というきれいごとに乗じるので、一般の人たちがよくわからないうちに巻き込まれてしまいがちなのです。

第2章　小中華思想と事大主義に回帰する韓国

韓国人は金正恩がトップになったことを疑問に感じていない

石　別に私は韓国の将来を心配する理由も義理もないのだけれども、呉さんのお話を聞きますと、心配したくなります。韓国という国は北朝鮮に歴然とした差をつけました。経済が繁栄し、国民の生活レベルも高まって、国際社会の中で韓国は北朝鮮と全然違う国になった。それは朝鮮戦争の後で韓国が民主国家の一員に加わり、アメリカ・日本と友好関係をつくることで経済成長ができたからです。しかし、残念ながら今、北朝鮮に乗っ取られた韓国は自分たちが繁栄した道を自ら断とうとしている。考え方が北朝鮮に染まった結果、自分たちの民主主義を破壊し始め、私からすれば韓国の民主主義は半《なか》ば死んでいると言わざるを得ません。司法もそうでしょう。司法が反日に従属するような判決を出すことは司法の自殺です。

呉　そうですね。

石　民主国家と法治国家。つまり、自分たちに繁栄をもたらした「いい道」を自分たちで捨てている。私から見て、それほど馬鹿なことはありません。

呉　私も残念でならないのだけれども、それを後押しした一つとして一九九七年の経済危機（注1）があると思います。韓国経済がＩＭＦ管理下に置かれてしまったことのショックは大変大きかったんです。しかも、あのときを境にして競争が激化し、治安が悪くなり、倫理崩壊という社会問題が深刻になりました。たとえば、儒教の影響が強かった韓国ではずっと子どもが年老いた親を養ってきたのですが、この基本的とも言える倫理までが崩れた。こういう状況にあって、精神的に韓国が迷っていたとき、北朝鮮を見て「ここに一つの解答があるのではないか」と思ってしまったとしても無理はないと思うんです。

石　なるほど。社会全体が病《や》んでいる中で、昔の韓国にあった倫理が北朝鮮では失われていないように見えたわけだ。

呉　そうです。

石　そうか。だから、美女軍団に騙《だま》されたといっても、ただ美女に騙されるだけの話ではなくて、心がボロボロの韓国人が癒《いや》しを求めたのでしょうね。

呉　そうです、そうです。癒しなんですね。それから、政治の面でいうと、全斗煥《チョンドウファン》（注2）もそうだし盧泰愚《ノテウ》（注3）もそうだけれども、韓国では大統領が任期を終えるや否や、賄賂《わいろ》問題などで汚いものになってしまう。国民の失望たるや大変なものです。何を信じればいいか、誰一人として見えてこない。

石　そこにチュチェ思想が入ってきた。

呉　そうなんですよ。日本の場合は天皇陛下という軸がありますから、とてもいいですね。韓国も歴史的には王様がいたし、戦後は朴正煕《パクチョンヒ》大統領に対して王様的なものを求めましたが、その後の大統領にはつながっている一つの軸が見えない。北朝鮮は金日成《キムイルソン》から金正日《キムジョンイル》、今は金正恩《キムジョンウン》（注4）につながっていて、一つの軸が見えるわけです。

石　金王朝ですな。

呉　そう。おもしろいのは、日本では金正恩が実力もないのにトップに立っているのは変だと思われていますが、韓国人はそう思っていません。つまり、金正恩自身になにもないとしても、おじいさんとお父さんの遺伝子がずっとつながっていて、三位一体なのだと考えています。ですから、北朝鮮はもちろんのこと、韓国人も心情的にはそれでいいんだと、疑問に思っていないのです。

石　魂が移っている。

呉　そうです。

石　あの世界では金正恩に能力があるかないかは全然問題ではない。おじいさんの魂を移す。それだけで統治者になるんです。

呉　北朝鮮は金正恩体制までずっとつながっている。韓国人から見れば、それが羨《うらや》ましい。言ってみれば、これは王朝に対する憧《あこが》れなんです。

石　なるほど。

注１　アジア通貨危機　一九九七年にタイの通貨バーツの下落に端を発し、アジア各国で急激な通貨下落が起こった。これによって各国で金融危機が発生し、経済に打撃を与えた。韓国はＩＭＦの救済を受け、その管理下に入った。

注２　全斗煥　第十一・十二代大韓民国大統領（在任期間　一九八〇〜一九八八年）。軍人出身で、韓国大統領として初めて訪日した。退任後、光州事件や不正蓄財によって死刑判決を受

けるが、後に減刑を経て特赦された。

注3　盧泰愚　第十三代大韓民国大統領（在任期間　一九八八〜一九九三年）。全斗煥と同様軍人出身で、任期中にソ連、中国と国交を樹立し、国連に北朝鮮と同時加盟している。退任後、政治資金隠匿が明らかになり、粛軍クーデターや光州事件でも訴追されて懲役刑となるが、後に特赦された。

注4　金正恩　朝鮮民主主義人民共和国（北朝鮮）の政治家。最高指導者だった金正日の三男で、父の死によって最高指導者の地位を継いだ。

北朝鮮と李氏朝鮮時代に目が向けられている

呉　朴槿恵《パククネ》が大統領に当選したのも、王朝への憧れと関係があるように思います。

石　つまり、大統領の二世ということですか。

呉　ええ。今の朴大統領は年上の人たちに支持されています。今までの大統領はこれといった人がいないけれども、唯一、朴正煕大統領だけは王様のような感じを長年持っていたということで、年上の人たちから後押しされたんです。

石　それは説得力を感じますね。

呉　王朝への憧れがあるから、朴槿恵に対する幻想が燃え上がった。だから、今の朴大統領自身になにか個性があるとか、力があるということを誰も言っていません。とにかく朴槿恵はお父さんが「漢江《ハンガン》の奇跡」を起こし、お母さんが国の母の役割を果たしたという二つのイメージが乗り移っているように感じます。

石　お父さんの朴正煕は韓国の経済発展の礎《いしずえ》を築いたにもかかわらず、非常に清廉《せいれん》な生活をしていたというのは本当ですか。

呉　それは高く評価されています。身内をあまり雇っていなかったようですし、日常生活でも奥さんが倹約しているということは、当時から噂で語られていました。ですから、今も韓国人にとっての尊敬される歴史的な女性となると、朴槿恵のお母さんのイメージが強い。今の朴大統領はヘアスタイルをお母さんのヘアスタイルとそっくりにしています。

石　ノスタルジーを刺激するわけですね。

呉　そういうことがあって、さらに北朝鮮で金正恩が後継者になったことが王朝への憧れを後押しし、今の朴大統領への期待も大きかったと思います。

石　ということは、要するに韓国の北朝鮮化が進んでいる?

呉　そう、北朝鮮化と同時に、李氏《りし》朝鮮（注1）時代に目が向けられていると言ったらいいでしょうか。

石　李氏朝鮮回帰《かいき》という感じですか。

呉　そうです。

石　なるほどね。北朝鮮というのは共産主義革命の皮を被《かぶ》った、極端な李氏朝鮮です。要するに、社会主義という飾りをつけた極端な李氏朝鮮。王様がいて官僚を動かし、国民を完全に統治する。

呉　北朝鮮の美女軍団には李氏朝鮮の伝統の、派手な色彩と左右対称の美を感じさせ、その懐かしさもあって共感してしまうところがあったと思います。

石　韓国の李氏朝鮮回帰というのは興味深いご指摘です。

注1　李氏朝鮮　一三九二年に高麗の武将だった李成桂が王となり、翌年、中国の明王朝から認められた。明（後に清王朝）の冊封体制下に入り、一八九五年に日清戦争で日本が清国に独立を認めさせるまで続く。一八九七年、大韓帝国と改め、国王を皇帝としたが、一九一〇年、日本に併合された。

経済危機のなかで離婚に走った韓国の主婦たち

呉　韓国で懐古《かいこ》意識が高まった背景にはいろいろな要因があると思われますが、その一つとして、ＩＭＦの管理下に入った頃から社会的に倫理崩壊が起こったことが挙げられるでしょう。この倫理崩壊という現象は韓国人にとって大きなショックでした。

石　先ほど、少し触れられたけれども、どういう点で倫理が崩壊したんですか。

呉　経済的に貧しくなったことが直接影響して起こった問題として、詐欺《さぎ》事件などの犯罪が増えました。それまでは誰かが経済的に苦労していたら、家族が助けるとか親戚が助けるとか友だちが助けるといったことが当たり前でしたが、今は個人主義が広がっているので、そんなことをやっていられない。隣の人、友だち、あるいは親戚がなんであろうとも、私は私ということになるから、誰も助けてくれない。

石　それで経済犯罪が増えたわけですね。

呉　それから、儒教的な倫理が崩れた象徴としては離婚の増加があります。韓国がIMFの管理下に置かれた経済危機の後、女性のほうからの離婚が増加するようになったんですよ。

石　韓国はあまり離婚が多くなかった?

呉　それまでの韓国では離婚というのは女性にとって最悪のことでした。離婚した女性は社会的に白い目で見られました。だから、一般の女性にとって離婚というのはあり得ないことではないけれども、芸能人のような特別な人がすることだと思われていました。ところが、IMF下に置かれた後、女性から離婚するケースがとても増えたんです。これは社会問題になりました。

石　何があったのですか。

呉　まず男たちが次々とリストラされて失業したので、妻が働かなければならなくなりました。結婚した女性が働く場は少なかったのですが、そのときに一番流行《はや》ったのがカラオケボックスで、友だち同士や会社の同僚たちと行って唄う場所だったのがホステスクラブのような場所になっていきます。

石　そうですか。

呉　カラオケボックスの客に女性を斡旋《あっせん》する業者がたくさんできました。クラブのホステスは若い美女しか採用されないけれども、カラオケボックスの場合は少々年を取っていてもいいということで、家庭の主婦が斡旋業者に登録した。たとえば、あるカラオケボックスに五人の男性が来たら、斡旋業者は五人の女性を派遣するんです。

石　要するに、一人の男性に一人の女性がつくんですね。

呉　そうです。そうして男性の相手をして、歌を唄い、お酒を飲んで、踊ったりしているうちに、何が起きるか。リストラされた自分の夫は家でごろごろしていて、みっともない。ところが、よその男を見ると、自分の夫しか知らなかっただけに、かっこよく映《うつ》る。そして、女性たちが浮気に走ったんです。「男性は浮気しても戻る」という言い方が韓国にあるのですが、女性は浮気すると元の家庭に戻らない。子どもも家族も捨てて、他の男といっしょに逃げる主婦が続々と現れました。こういう現象は朝鮮半島でかつて考えられもしないことでした。

石　一九九七年のアジア通貨危機が韓国にもたらした影響は、単に経済的な問題だけではなかったんですね。

呉　考えてみれば、お母さんたちの世代まではいくら結婚生活がつらくても、簡単に離婚ができなかった。だから、自分を犠牲にし、家族のために我慢するしかなかった。それに対する反発もあったでしょう。また、教育レベルが高くなって、高学歴の女性が増えています。彼女たちからすれば、何のために我慢するのかということで、この十年の間に、韓国はアメリカに次ぐ離婚大国になっています。

石　経済危機がめぐりめぐって離婚を増やしたとは知りませんでした。

子どもたちが親の面倒を押しつけ合う時代

呉　さらには老人の問題もあります。今までは子どもが年老いた親を食べさせたりして、韓国は家族のつながりがとても強かった。要するに、血縁のつながりを大事にしていました。それが最近になると、年寄りに対する尊敬が極めて薄れてしまっています。年寄りと若い世代の間に大きなギャップが生じ、かつては嫁が姑《しゅうとめ》を大事にするということがあったけれども、そのようなことまでしたくないという人が出て来た。特にＩＴ化時代に入ってからは、年寄り蔑視《べっし》が進みました。

石　パソコン、スマートホンを使えない年寄りは駄目な人たちということですか。

呉　ええ、「今の時代についてこられない人」ということです。また、子どもが都会に出てしまい、親だけが田舎に残るという家族が増えたことも大きな問題になっています。いっしょに暮らす場合は、なんだかんだ、子どもが親の面倒を見ますが、いっしょに暮らしていないと、親の面倒を見なくなるんですね。一年に一回、親のところに来るか来ないかという子どもが増えたし、親に電話さえしない子どもも増えました。経済危機によって、都会に出た子どもが親への仕送りをする余裕がなくなったら、なおさらそうなります。こういうことで、田舎に残った親は孤独老人になってしまうんです。

石　それは深刻な問題ですね。

呉　経済的に悪い状況が倫理崩壊の一因となった。それはそうだけれども、個人主義の普及という要因も大きいと韓国人は感じています。親の面倒を見るということで言えば、今までは子どもが自ら進んで親の面倒を見ていたのに、この頃は家族の中で「あなたが見ろ」「いや、お前が見ろ」と押しつけ合ったりするんです。

石　儒教の「孝」がなくなったわけだ。

呉　そうです。韓国社会に根を下ろした儒教倫理が次々に崩壊していると言っていいでしょう。そうすると、年寄りたちにしてみれば耐えられないし、一気に変わってしまった「とんでもない社会」についていくことができません。

石　おそらく今おっしゃった韓国の社会的変化は、昔の近代化の時代よりも激しかったのでしょうね。

呉　激しかったです。

石　韓国社会を維持してきた柱が目の前で崩れていくという感じですね。

呉　その混乱の中で、「古き良きものへの回帰」が強まったのは必然だったように思います。

幻想にすがりたい韓国人

呉　今、韓国は自殺率がＯＥＣＤ（注１）の中でトップになっています。中でも老人の自殺率は日本よりもずっと高い。もちろん経済的な理由もあるのですが、やはり孤独が大きな原因ですね。韓国の年寄りは子どもとのつながりで生きてきました。そこが日本の年寄りと違っていて、なんといっても子どもとつながり、孫とつながることに生き甲斐を感じるんです。その点、日本の年寄りは趣味が多いし、習い事も多いでしょう。

石　あちこちの山でお年寄りの方が元気に登っているのに出会います。みんなすごくいいカメラを持っていますよ。

呉　運動、スポーツだけでなくて、日本には様々な文化があります。年配の女性たちも、お花を習い、お茶を習う。

石　俳句をやったりしますね。

呉　そう、それから短歌とか、文学の勉強会とか、文化活動が日本にはたくさんあって、習い事で忙しくしていると、子どもとのつながりがなくてもいいくらいです。ところが、韓国には年寄りのための文化がないし、年寄りが習い事をするということは、韓国ではあり得ません。

石　あり得ないですね。儒教の世界では年寄りは教えるものであって、学ぶものではない。

呉　中国もそうですか。

石　そうそう。年寄りは上にいて知恵者でなければならない。知恵がなくても知恵者のフリをしなければならない（笑）。

呉　習い事や文化活動がない上に、友だち関係よりも自分の家族のつながりが大事なのだから、都会に出た子どもが一年に一回来るか来ないかだったり、なかなか孫の顔が見られないという環境はつらい。だから、「かつては良かった」という気持ちになっていくわけです。一時は、「古き良き」という言葉が流行ったほどでした。

石　なるほど。ひょっとしたら韓国人は、「古き良き時代の幻想」を北朝鮮に求めてしまったのかも知れませんね。北朝鮮のほうがむしろ李氏朝鮮に近いところがあるから、古き良き時代と重なるんでしょう。

呉　そうですね。決して李氏朝鮮時代がいいとは誰も言っていなくて、男尊女卑だし、階級社会だし、ということをみんな批判はするものの、「秩序が保たれていた」「親を大事にした」「人と人とのつながりを大事にした」という幻想が李氏朝鮮に対してあるように思います。

石　その幻想にすがるのですな。

呉　そうなのでしょうね。鬱病《うつびょう》患者が日本よりかなり多いといわれるほどの韓国社会において、様々な難題を前にした韓国人は、なにか幻想を求めたい。これは老人だけの問題ではありません。若者たちにしても、一流大学を出ても就職できない。さらに貧富の格差が大きい。隣の人は裕福な暮らしをしているのに、私はいくら汗を流して頑張ってもいい暮らしができない。そういう現実を目にすれば不満が湧き上がってくる。そのとき、北朝鮮のような貧困国にはなりたくないのだけれども、分配平等という面では北朝鮮に理想のようなものがあると思ってしまうのでしょう。

石　まあ、北朝鮮で自由な離婚が認められるわけがないから、秩序正しいのは確かです（笑）。

呉　一つ、お聞きしたいのだけれども、日本でもずいぶん放映されている韓国の時代劇が盛んになったのは、ＩＭＦの管理下に置かれてからですか。

呉　たぶんそのあたりからです。

石　なるほど。現実に絶望して、ますます復古主義的な気持ちになり、昔の李氏朝鮮は良かったという思いが強くなったのでしょうね。

呉　昔のように食べ物に困るということはなくなり、みんなが食べられるようにはなりました。だから、昔と比べていい時代なのは確かだけれども、精神的に崩れてしまったというところで、古き良き時代に戻りたいと思う……。これは資本主義の弊害といえるかも知れませんが、特にＩＭＦショックが古き時代への回帰現象においてものすごく大きかったと思います。

注１　ＯＥＣＤ　経済協力開発機構の略称。先進国が国際経済を協議するための国際機関で、現在の加盟国は三十四国。

「龍が再び立ち上がる」時代へのシフトチェンジは早かった

呉　韓国で復古の動きが強まっていくのと平行するように、中国が経済的に浮上してきました。それに伴って「中国の龍は再び立ち上がる」ということが話題になったりして、韓国は中国に熱い視線を送るようになります。でも、戦後、韓国では中国を蔑視していたんです。「経済的に私たちが上だ」ということで、日本に対するほどではないけれども、中国を見下すような感じがありました。

石　ある意味では日本のお蔭で中華秩序から脱出でき、経済も成長して、韓国が自称する五千年の歴史の中で初めて、中国を上から見下ろすことができた幸せな時代だったんですよ（笑）。

呉　十年くらい前までは、本当に中国を低く見ていて、韓国の企業がどんどん中国に出ていき、中国人を雇うと、彼らを差別するという話をたくさん聞きました。韓国人には給料を払っても中国人には払わなかったりとか、中国人社員を殴るとかです。

石　あの頃中国に進出した外国企業の中で、韓国企業の評判が一番悪いですね。要するに人間を尊重しない。

呉　人間の扱いが荒いし、中国人を馬鹿にした言い方もよくするでしょう。

石　ちょっとだけお金持ちになった成金が貧乏人を馬鹿にするような態度でいじめるんです。

呉　そう、韓国人はそんな性質を持っています。だから、韓国には華僑《かきょう》がいたのですが……。

石　今でもいるんですか。

呉　わずかですが、いることはいます。だいたい一つの区域に住んでいる。

石　ソウルですか。

呉　ええ。韓国人は華僑を大変差別して、国も華僑の人たちの財産権を限定したし、職業も中華料理屋などに限っていました。

石　それじゃあ、華僑は出て行くでしょう。

呉　そうです。韓国にいた華僑はどんどん台湾や中国に帰ってしまって、今はかなり少なくなりました。

石　しかし、中国を見下ろすことができた幸せな時代は、それほど長く続かなかったですね。一つには中国の経済が成長して中国が大国化した。その一方で韓国は経済が落ち込んでしまう。

呉　そして、いつの間にか中国と立場が逆転してしまった。中国経済が高成長を続けると、韓国では「龍が再び立ち上がる」と言われ出して、一気に変わったんです。たとえば中国語ができること自体、低く見られていたけれども、中国語ブームが起こりました。

石　今、中国に留学している外国人留学生では韓国が一番多いみたいですね。

呉　「龍が再び立ち上がる」と言われたときのムードはすごかったですよ。若者たちが「これから中国の時代だ」とか言いながら、それまでは日本へ留学していたような人たちの多くが中国へ目を向けるようになった。そこにシフトチェンジしていくムードを私は鮮明に覚えています。あっという間に変わった。

石　今度は中国になびいたわけですね。

呉　ええ。日本が相手ならば、そういうときに反日感情をぶつけます。悔しいと言ったり、日本人はとんでもないと罵《ののし》ったりして、足を引っ張ったりするけれども、中国がちょっと上に立っただけで、ぺこぺこなんですね。

石　ごく自然にへりくだる？

呉　そうです。

石　昔に戻っただけの話ですな。

呉　本当にこれはおかしい。四、五十年間は見下ろすことができて、韓国に少しはプライドがあった。でも、そのプライドもあっという間に崩れてしまったんです。

石　なるほどね。

朴槿惠大統領は中国でどう見られているか

石　不満が蓄積される社会で懐古主義、復古主義が生じ、「昔は素晴らしかった」と人々が考えて、古き良き時代に思いを馳《は》せるということは理解できます。これはどこの国でもあり得る。問題は、韓国の復古主義が中華秩序に戻ることにつながるのではないかという点です。たとえば、朴槿惠大統領になって顕著な面の一つは対中国関係で、その外交が昔の朝貢外交とまでは言わないけれど、中国を中心にして韓国が一番の優等生であるという中華秩序へ徐々にシフトしているように見えます。

呉　どういうところで、そのように見えるのですか。

石　二〇一三年の九月に朴大統領は中国を訪問しましたね。この中国訪問に関していろいろと報じられていますが、首脳会談でどんなことを話した等々の内容は大したことではなく、朴大統領の中国に対する姿勢が昔の朝鮮王朝の対中国の姿勢に戻ったような感じを与えるんです。

呉　たとえば、どういうことですか。

石　まず、今までの慣例として、韓国の大統領は最初にアメリカを訪問し、次に日本、その次が中国という順でしたが、今回は最初がアメリカで次が中国という順です。

呉　慣例を破って中国を日本より先にしたということですね。

石　そうです。それから、中国側の報道によりますと、「朴大統領が中国を訪問する前の三日間、すべての予定をキャンセルして準備をした。その多くの時間は、交渉の準備よりも中国語のスピーチの練習だった」とあります。

呉　今回の訪問ではどこかで講演をされたのですね。

石　北京の清華《せいか》大学で講演しました。最初から最後まで全部中国語でしゃべったのですが、これに関して、韓国のマスコミのおもしろい提言が中国で報道されています。韓国に中央日報という新聞があるでしょう。

呉　あります。

石　その中央日報が「絶対に中国語でスピーチしてください。それをもって中国に誠意を示し、中国に感動してもらう」と朴大統領に提言したのだそうです。日本に対してあれほど上からの目線で馬鹿にする韓国のメディアが、中国に誠意を見せるとか、感動してもらうとか、まるで中国の属国みたいな……。そして、その提言を受け入れたのかどうかはわかりませんが、朴大統領は中国語でスピーチしています。

それと、外国の元首が中国に来て講演するとき、講演先はいろいろな選択肢がありますす。彼女が選んだのは清華大学でしたが、中国の報道によりますと、「清華大学を講演先に選んだ理由はそこが習近平《しゅうきんぺい》（注1）国家主席の母校だからである」。韓国人がどう見るかはわかりませんよ。しかし、「習近平さんの御機嫌を取った」と中国の報道サイドでは見ています。いくつか、中国の報道を紹介しましょうか。

呉　お願いします。

石　中国の報道によりますと、「彼女は最後の訪問先に西安《せいあん》を選んだ。この西安を選んだ本当の理由は、西安のある陝西省《せんせいしょう》が国家主席・習近平のゆかりの地であるからだ」。また、「訪問中に彼女が使ったクルマは中国の紅旗《こうき》という国産車だった。外国首脳が中国を訪問する場合、外車を使うことが多い。アメリカの場合はアメリカから大統領専用車を運んで来る」。ちなみに、紅旗は中国の高級幹部が乗るクルマです。

変な記事もあります。「彼女は服の選択も結構気を使っていて、中国で一番権威のある赤という色をあえて避けている」。これを韓国人がどう思うかわかりませんが、昔、皇帝の使う色は避けなければならなかったという歴史を踏まえて言っていると私は理解しています。

とにかく中国の報道では、朴大統領が細かいところに至るまで、徹底的に中国に誠意を見せて、中国に喜んでもらう配慮をした、というニュアンスが表れています。中国のマスコミがちょっと増長しているところもあるけれど、だいたいが事実であり、韓国からの反論はない。

呉　……。

石　これまた中国の報道ですが、首脳会談で習近平国家主席が韓国の崔致遠（日本語読みだと「さいちえん」）という詩人の詩を引き合いに出したそうです。

呉　「崔致遠」は韓国語だと「チェチウォン」と読みます。

石　新羅《しらぎ》（注2）時代の詩人だそうですね。この人は少年時代から唐《とう》（注3）に留学し、科挙《かきょ》に合格して官僚に登用された。その後で新羅へ戻り、新羅の官僚を指導した。そういう意味では、彼の意識は新羅の人間でなくて、まずは唐の人間ということだったでしょう。だから、彼は自分の国を称するときは、だいたい「大唐新羅」と言ったそうです。

韓国の日本に対する基準からすれば、崔致遠は売国奴と言われてもおかしくない。そういう人の詩をわざわざ選んで、習近平は首脳会談の席上で披露した。これ、解釈のしようによっては、韓国に対する侮辱です。それでも韓国の大統領はにこにこしていたそうです。

昔の中華秩序というのは、内容よりも形式を大事にします。端的《たんてき》に言えば、形式ですべてが決まる。今回の朴大統領の中国訪問は、内容よりも形式のほうが私は気になった。そして、形式を見ると、韓国が中華秩序に戻ってしまったような印象を受けました。呉さんはどうお感じになりますか。

呉　とっても哀しくてなりません。短い時間であろうとも、中国人に対して私たちが上だというプライドがあったわけでしょう。経済的にも、あるいは教育レベルも何にしても。それすらも全部崩していることになる。

石　そう、崩しているんです。

呉　これは大変なことですよ。何年か前までの韓国はどこに行ったのでしょうか。私は今、中国の報道を聞きながら、哀しくてなりません。そこまで中国に媚《こび》を売る必要があるのでしょうか。

石　朴大統領は日本に対する態度と完全に逆の態度を中国に取りました。だから、李氏朝鮮の昔に戻るのではないかと感じたわけです。要するに、中国に媚びる事大《じだい》主義（注

4）の一方で、日本には偉そうな顔をする。

呉　一つの独立した国家として、絶対にこんなことをしてはいけません。

石　そうです。

呉　堂々としてほしい。少なくとも、今まではそうしてきた。しかも、お父さんの時代からそういうふうにしてきたんです。今の朴大統領がやったことは、「中国についていきますよ」と宣言したのと同じではないですか。

石　せっかく韓国が中華秩序から脱出して、自分たちの実力をつけ、独立国家としてやってきたのに、またかつての中華世界の属国に戻ることはないですね。それは韓国のためには全然ならない。

呉　そうです。いまだに韓国のほうが中国より遥かに国際的だし、もっともっとプライドを持っていけばいいのに、なぜ再び事大主義に戻るようなみっともないことをしているのか……。

注1　習近平　中国の政治家で、第七代中華人民共和国国家主席・第五代中国共産党中央委

員会総書記となり、現在の最高指導者。文化大革命時に陝西省へ下放されている。父は国務院副総理を務めた習仲勲。

注2　新羅　新羅（三五六～九三五年）は朝鮮半島南東部にあった国で、六六〇年に百済、六六八年に高句麗を滅ぼして朝鮮半島を統一した。

注3　唐　六一八年から九〇七年まで一時期の中断を挟んで続いた中国の王朝。首都は長安（現在の西安）で、中央アジアも勢力下に置き、周辺国に大きな影響を与えた。日本から遣唐使が送られている。

注4　事大主義　「大に事《つか》える」という考え方で、「強いものに従う」という行動や小国が大国と対するときの外交形態としてこの用語が使われる。

なぜ韓国の中国接近は愚策なのか

石　韓国が中華世界に戻ろうとするのは今の朴大統領だけの問題なのか、それとも韓国の政治自体がそういう方向に行くのか。呉さんから見て、どうですか。

呉　たとえば、「中国はやはり歴史的に見ると偉大な国だった。そこにはかなわない」という気持ちが韓国にあって、今の朴大統領を含めて妥協してしまっているのではないかとも考えられます。

石　それだと事大主義に陥《おちい》ったということになりますね。

呉　それから、経済関係も大きいでしょう。日本との貿易はずっと赤字が続いているのに対して、中国との貿易は黒字です。

石　しかも対中国輸出が一番大きくなっている。

呉　そうです。今の中国は経済的に伸び悩んでいるかもしれないけれども、人口が多くて市場としての価値があるし、そう簡単に中国経済は崩れないだろうという認識があるのではないでしょうか。だから、なんといっても中国との貿易はこれからも必要だと。

石　なるほど。

呉　しかし、それは目先のことしか考えていないと思うんです。たぶん日本との貿易はいくらやっても赤字。でも、日本との貿易なくして中国に対する輸出も何もできない。

石　日本から中間財を買っていますからね。

呉　そうなんです。そして、日本の場合は冷たくしても、いずれまた日本から手を差し伸べてくるだろうと、すごく甘えているところがある。

石　そういう甘い気持ちがあるんですか。

呉　あるんです。

石　どうせ日本人はお人よし。いくらいじめても、いずれまたにこにこして応対してくれる、というわけですか。その点、中国のほうは怖いですわな。逆鱗《げきりん》に触れたら、あとでたいへんな報復が待っている（笑）。

呉　そのような気持ちもあると思うんですね。あるいは、一つは礼儀としてそうしたのかもしれません。礼儀は礼儀としてとても大事です。しかし、今の朴大統領が取った態度は限度を超えています。一国の大統領が礼儀の限度を超えると、屈服しているかのように見えてしまいますね。

石　私もそう思います。まあ、「アメリカの時代が終わり、これからは中国の時代だ。地理的関係から言っても中国にシフトすべきだ」と韓国で考える人がいても不思議はないのですが。

呉　でも、世の中は「中国の時代」へと動いていないわけです。長い目で見れば、大変な失敗だと思います。

石　国際戦略の面で、韓国にとっていい選択ではないと思います。

呉　そうですね。

石　もしこの方向に行けば、アメリカとの同盟関係に亀裂《きれつ》が生じてくる。また、今アジア諸国が中国をすごく警戒している中で、韓国が中国にくっつきすぎると、韓国と中国が異質な国にされてしまいます。要するに、あの二つがグルというイメージ。

呉　北朝鮮と中国ではなくて？

石　そう、韓国と中国がグル。もし万が一、アメリカとの関係が崩れ、アジアからは異質視されたとき、何かの理由で中国ともうまくいかなくなったらどうするんですか。ということが一つですが、いろいろな意味で韓国が中国とくっつくのは一番の愚策です。中国の危険性、中国の韓国に対する、あるいは朝鮮に対する目線を、韓国人にもっとわかってもらいたいです。

呉　韓国が中国とくっついて何が悪いのか。それを具体的に示していただけますか。

石　たとえば、経済的なこと。ここで中国経済の問題を詳しく話す時間はないですから、簡単に言いますと、中国経済の高成長は止まって、今度は苦しむ番です。中国は今、シャドーバンキングの問題、不動産バブルの問題等々、いろいろな問題を抱えていますが、いずれは経済がパンクする。韓国がもし日本との関係を悪化させ続けたら、日本との経済交流が低下するので、ますます経済の中国依存が進むでしょう。そうなると、韓国は中国経済のパンクの道連れにされてしまうんです。それが一つ。

もう一つは、はっきり言って、中国は韓国をコマの一つとしか考えていません。要するに利用できる道具。おそらく中国からすれば、利用価値が日本以下ですが、今は使い道がある。というのは、アジアの中で中国はすごく孤立を感じています。いわば四面楚《しめんそ》歌《か》の状態なんです。ベトナムと喧嘩《けんか》している。フィリピンとも喧嘩している。インドとはうまくいっていない。日本とも対立している。同時に東南アジア諸国から警戒されてもいる。その中で韓国がなついてくることは、中国にとって外交的に利用する価値があるわけです。

しかし、中国は決して韓国との関係をアジア外交の軸にすることはありません。中国が考えているのはアジアの覇者になること。要するに、アジアの覇権を握るというのが中国の国際戦略です。前の前の大統領の盧武鉉は、朝鮮半島がアジアの中心になるという構想を掲げましたが、中国からすれば、それほど馬鹿馬鹿しいことはない。

呉　そうですよね。

石　本当に韓国がその動きを始めたら、「朝鮮半島がアジアの中心になるなんて冗談じゃない」とばかりに干渉し、潰そうとするに決まっています。韓国がアジアの中軸になると、中国はまったく考えていません。そういう意味では、中国とくっついて韓国の将来の国際的な国家利益が何かあるかというと、何もないわけです。

また中国が今後、朝鮮半島の統一をどう考えるかわかりませんが、少なくとも現段階での中国の基本的国策は、朝鮮半島の統一を絶対阻止するというものです。

呉　阻止するんですか。

石　阻止するんです。朝鮮半島で統一国家が成立することを中国は恐れています。いずれ自分たちに矛先《ほこさき》を向けるかもしれませんから。

「高麗棒子」と「小日本」

石　もう一つ、中国人の韓国人あるいは朝鮮民族に対する感情、意識は、ある意味でひどいものです。完全に蔑視しています。中国人は日本に対して反日感情や憎しみがあるけれども、「やっぱり日本はすごい」「日本から学ぶべきだ」と尊敬する面もあります。ところが、韓国に対しては完全に民族的優越感が上です。中国には朝鮮人、韓国人を蔑視する専用の言葉があるんです。

「高麗棒子《ガオリーバンズ》」

中国人はエリートから庶民たちまで、だいたいこの言葉を使います。

呉　それはどんな意味ですか。

石　もともとは東北地方（旧満洲）の方言で、高麗は朝鮮のこと、棒子というのは要するにアホらしくて、未熟。

呉　未熟というのは子どもっぽいということ？

石　子どもっぽいのだけれども、使い道もある。完全に馬鹿にしています。日本のことはせいぜい「小日本《シャオリーベン》」くらいしか言っていない。「小さい日本」というのも蔑視ではあるけれど、「高麗棒子」ほどの民族差別感覚はないんです。

呉　聞いたことがありませんでした。

石　新聞やテレビには当然出てきませんよ。でも、中国のエリートたちでも韓国の話、あるいは北朝鮮の話になると、普通に使っています。

呉　では、今の朴大統領が中国に行ってああいうふうな態度を取ったら……。

石　中国人からすれば、高麗棒子が頭を下げてきたという感じ。

呉　いい気持ちになるわけですね。

石　いい気持ちになるんです。同時に、彼らの韓国に対する民族的優越感を増長させる。

呉　たとえば反日感情を持って日本と仲が悪くなっていったときに、韓国はたぶんそれも狙いがあると思うのですが、中国とくっついていっしょに反日をやれば力強くなる。それも中国にとっては利用価値があるのでしょうか。

石　まあ、都合がいいです。ただし、はっきり言って、反日は韓国の国益のためには全然なりません。韓国にとって上手な国際戦略は、日本とも仲良くして、中国とも仲良くすること。そうであるなら韓国の立場はすごく強い。

呉　そうですね。

石　一番上手な国際戦略は、中国と日本を喧嘩させ、自分は両方と仲良くして、その間を取り持って立ちまわることです。今の外交は韓国にとって最も有利な立場を自分から捨て、中国というあてにならない相手に嫁ぐようなものです。

呉　それから、韓国が中国にくっついても、中国と対等な立場には絶対なれないでしょう？

石　なれないです。

呉　昔もそうでしたけれども、中国の属国になってしまう。そのようなことを今、自らやっているということですね。

石　そうです。むしろ日本となら対等の立場になれるでしょう。

呉　対等の立場でも上か下かということはあるけれども、でも日本の属国になることはないですよね。

石　どこかを属国にするという意識が今の日本にはありません。経済力の差はあるにしても、友だちみたいな感じにはなると思いますよ。

呉　そうすると韓国から頭を下げて行ったことだけで、大統領のみならず韓国が中国の下に入ったというふうに中国でとらえられているのですか。

石　中国のマスコミは習近平と朴大統領の会談の内容などはどうでもいい。形式上のことに注目しています。

呉　それが中国人の国民性でしょうけれど。

石　私はそう思います。

呉　その国民性を韓国人は知らないとダメなんですね。

石　私は韓国人に知ってほしいな。

呉　これは早く気がつかないといけませんね。

韓国のような社会が最もファシズムに染まりやすい

呉　ところで、中国が南北を統一させないというのは、朝鮮半島を日本の通り道にさせたくないということですか。

石　そういう面もありますが、朝鮮が統一したらより強くなって、場合によっては中国の脅威になるからです。しかも、今の韓国はアメリカと同盟関係にあるだけに、中国としては韓国によって朝鮮半島が統一されることを阻止しなければならない。そのために、中国は北朝鮮を完全に追い詰めることはしません。

呉　そういうことですか。なるほど。

石　だから、中国は戦略的に上手ですよ。

呉　韓国が今、頭を下げて来ているし、北朝鮮も頭を下げて来ているということになると、中国は北朝鮮と韓国をどういうふうに相手にしようとしていると思いますか。

石　中国の立場からすると、永遠に朝鮮半島が分断されたままが一番都合いいんです。

呉　分断されたままで、関係をうまく取りたいんですね。

石　そうです。朝鮮半島の二つの国が両方とも中国に頭を下げて来るという状況は、中国にとって一番都合いい。習近平にとって今の朝鮮半島は気持ちのいい存在になっています。それでまた、朝鮮半島と日本が敵対する関係は、中国にとってさらに都合がいいです。要するに、韓国がやっている政策は、はっきり言って、結果的に韓国のためにならず、習近平のために頑張るようなものです。客観的に見ればそうですよ。国際戦略的には最悪の選択をしたのが今の韓国です。

呉　かつての李氏朝鮮時代の事大主義に戻って、大統領が中国へ頭を下げに行き、中国のクルマまで乗ったりして配慮するなんて、独立した国がやることではないです。

石　そうです。一方、韓国は日本との関係で頭を下げなくてもいいんです。日本に対するいじめさえやめれば、日本人がどれほど感激するか（笑）。歴史問題を一切言わないだけで、韓国は日本にとってたいへんいい存在になるでしょう。

呉　そうですね。日本人は人がいいから。

石　そうそう。歴史問題を言わないだけで国益につながります。慰安婦を一切口にしないだけでも、莫大な利益が取れる。別に何か苦労する必要がないんです。韓国に提言するつもりはないし、そういう義務もないけれども、外から見ていて、なんで韓国はあれほど馬鹿な外交戦略を選んでいるか、不思議でなりません。

呉　本当に目先のことしかわからないでいる。私は国民のレベルできちんとした軸がないということが大きいと思うんですよね。

石　軸を失ったことであちらこちらに流れてしまうということですか。

呉　今、韓国は何が真実なのかということがわからなくなっていると思うんです。とにかく国民のレベルでは、日本人と韓国人の差がものすごくあります。日本人はいくら政治が動いても、世の中が動いても、一般の国民は揺れない。レベルが高いというのは、学歴とかいい大学を出たということではないんです。流行りで揺れたりとかすることはあるけれども、自分というものをきちんと持っているということです。なぜそうなのかを考えると、まず多くの日本人は本をたくさん読む。だから、自分の見識をちゃんと持つことができる。それで揺れないんですね。

石　日本は一般庶民のレベルが相対的に高いですね。

呉　そうなんですよ。それは知識だけではなくて、知恵がきちんとあって、しかもそこに古典文化を含めた古い文化力がある。これが日本人の自信につながっているのではないでしょうか。だから、上で揺れたり外交でいろいろな問題があっても、社会は揺れない。大半の日本人は揺れないだけの自信が備わっています。韓国の場合は、自信を支えるような文化がなく、知的レベルと言っても「いい大学を出た」ということになってしまっている。そうではなくて、きちんとした基盤をつくれるような知識を身につけるのが、本当の意味での高い知的レベルです。そのためには本を読むとか文化活動をする。そのようなことからも日本と韓国には大きな差があります。

石　呉さん、韓国のような社会が最もファシズムに染まりやすいんです。

呉　上《うわ》っ面《つら》のきれいごとばかり大事にするからでしょう。

石　そうそう。上が一つの幻想を打ち出すと、庶民はみんなついていく。

呉　知識人が上に立って、引っ張っていくということでは、今の韓国はマスコミがその役割を担っています。だから、マスコミが一番エリートだと思われています。

石　なるほど。

呉　そのマスコミが言うから間違いないということになる。どんなことでも一流新聞に載っているから間違いない、一流テレビが言っているから間違いないというようなところで動いてしまうんですね。

マスコミの放射能報道に踊らされた韓国人

呉　二〇二〇年のオリンピック開催地決定の数日前から、日本列島はすべて放射能で汚染されているという印象を与えるような報道が韓国で流れました。一流テレビのニュースでもそういうことを言っていました。

石　それはやはりオリンピックとの関係でしょうか。

呉　東京オリンピックの開催を妨害しようとした戦略的なことでしょう。それで韓国人は、日本の食べ物はすべて食べられないのではないかとか、本当にそう洗脳されてしまった。実は東日本大震災以降、かなりそういう報道がされていて、日本のものは危ないと思われていました。だから、震災直後は日本のお土産を持っていったら喜ばれない。

「大丈夫か、大丈夫か」って。

石　（笑）。

呉　韓国人は日本のコーヒーが好きなので、私はコーヒーを持って行くんです。でも、震災直後に配ったら、変な目で見られました。

石　コーヒーまでですか。コーヒー豆は日本産じゃないのに（笑）。

呉　でも、この一年、二年の間に薄れて、私が二〇一三年四月に行ったときはみんなに喜ばれました。放射能汚染なんてどこかにいってしまっていたんです。ところが、九月になってから再び韓国のニュースで放射能報道が盛り上がると、状況が一転しました。韓国で化粧品を販売する日本の方から聞いたのですが、すごく売れていた日本円で一万円を超えるクリームが九月になって売れなくなったというんですね。いかに日本のものは危ないかとニュースで言われると、化粧品も危ない、全部危ないと思ってしまう。

石　（笑）。

呉　先日、日本へ行きたいと言っていた韓国の知り合いに電話をかけました。私が韓国に行けなくなっているので日本に来たらどうですか、と言ったら、「いやあ、今、行ったら座る場所もないし、何も食べる物がないじゃないか」。

石　まるでみんなが汚染水の中で泳いでいるといった感じだな（笑）。

呉　本当に驚くほどで、「どうしてそこまでなってしまうのか」と思うのだけれども、結局、韓国のマスコミが扇動《せんどう》の役割をしているんですね。真実がどこにあるということではない。また、一般の民衆はそういう扇動に流されやすくて、そうかなと簡単に信じてしまう。そんな国民性を持っています。これも長い間根づいた儒教的な要素が影響しているのだけれど。

石　そうそう。儒教的伝統として、民は知るべきではないんです。使われるべきであって、知るべきものではない。

呉　愚民になってしまっているんです。

石　愚民です。

呉　だから、エリートたちが「日本はいかにひどいかということを、知らないとダメですよ」と言うと、みんなが素直に受け入れる。

石　ただし、そういう体制はエリートがしっかりして、いい方向を目指すときは国が発展する。おそらく今の大統領のお父さんの時代がそうだったのだろうと思います。しかし、エリートたちまで頭がおかしくなれば、国はどこへ行くかわからなくなる。

呉　そうなんですね。

石　呉さんがおっしゃった話からすれば、エリートたちも軸というものを失ってしまったんですな。

呉　今、特に朝鮮日報が先頭に立って反日感情を煽《あお》ったりして、おかしい報道をしています。前に朝鮮日報の論説委員だった趙甲済《チョガツツェ》氏が書いたものによれば、少なくともかつては朝鮮日報が一番冷静だったんですね。その朝鮮日報ですら、最近おかしくなっているということは、今では韓国の記者が死んでいるのだと言っています。それから、事実の報道ではなくて、扇動するための報道になってしまっていることを嘆いています。私もこれは極めて残念でなりません。

石　近代化から百数十年経って、韓国が外交でも内政でも李氏朝鮮の時代に戻ってしまったら、いったい何のための近代化だったのかということになります。

呉　本当にそうですよね。

第3章　「中国の反日」と「韓国の反日」

日本を侮辱し、嘲笑する韓国の子どもたち

呉　一般に韓国の反日感情は日本統治時代に問題があると日本人はとらえているようです。しかし、ここで私が言いたいのは、そうではないということ。統治時代のことは結果であって原因ではありません。

石　では、何が問題なのですか。

呉　韓国人の反日感情のあり方はもっともっと古くて、根深いものがある。韓国の反日を考える上で大事なのは、そこです。

石　日韓併合があった近代以前に根がある？

呉　ええ。今の韓国人の反日感情をよくよく見ると、侮日《ぶにち》なんですよ。この侮日観を知らないと、韓国人の反日はわかりません。

石　韓国人は日本を侮蔑《ぶべつ》しているのですか。

呉　そうです。韓国人が反日をいうときに、蔑視《べっし》するような言い方を組み込みながら

やっています。最近起きていることもそうなっています。

一つの例を挙げますと、以前に竹島問題が騒がれたときのことです。小学校が子どもたちに反日の絵を描かせ、ソウルのある会場で展示されたのですが、ほとんどが日本を侮辱《ぶじょく》したり、嘲笑《ちょうしょう》したりしているんです。たとえば、朝鮮半島をウサギになぞらえて描いた地図の絵がありました。ちなみに韓国ではよくウサギが座っている格好にたとえられます。

石　韓国の国土の形ですね。

呉　ええ。釜山《プサン》あたりがお尻で、中国に向いて足を上げているという感じなのですが、そのウサギが日本にウンチをしています。ウンチというのは汚《きたな》いものでしょう。その絵は汚い日本ということを表現しているんですね。

石　はぁ。

呉　他には、何人かの子どもたちが日の丸を踏みにじっている絵もあれば、日の丸をトイレットペーパーに描いたものもありました。「日本はトイレの中へ」ということです。とにかく「日本人は汚くてどうしようもない」ということが、子どもの頃から植えつけられるんです。

石 それは異常ですよ。子どもにそんな絵を描かせるのは常人の感覚ではあり得ない。子どもにはできるだけ美しいものを描かせたいと思うのが普通でしょう。反日、侮日以前の、国民的感性の問題だ……。いや、びっくりしました。

呉 そのような絵がいっぱいあるんですね。他人の額《ひたい》を指で弾《はじ》くことを日本でどう表現するのかわかりませんが、日本人に対してそれをやっている絵もありました。

石 中国でもそれはやります。

呉 日本人はあまりしないですね。韓国では「このヤロー」という感じで、相手を低く見たら、そういうことをするんです。それから、あれは小泉政権のときでしたけれども、小泉総理に対して「あなたは犬小屋に行け」と、侮辱するものもありました。どうしようもない小泉という日本人は犬小屋にしか入る価値がないというわけです。

石 ちなみに、日本で犬はかわいい存在だけれども、中国と韓国の文化の中で犬は軽蔑される存在です。もし、相手のことを「おまえは犬だ」と言ったら殺されるかもしれません。他人を犬よばわりするのはものすごい侮辱になります。

呉　中国もそうなんですね。

石　同じです。おいしいと言って食べているくせに……（笑）。

呉　つまり、人間が一番偉いんです。犬は賢いけれども、人間にはなれない。だから、人の悪口を言うときに「犬のような人間」という表現があります。これは「まだ人間にはなっていない」「頭がちょっと足りない」という意味があって、人のことを軽蔑するときに使うんです。

石　日本では警察官をイヌと呼んだりするそうですが、使われる意味が違いますね。

「野蛮で未開な日本」を前提にした韓国人の民族優越意識

呉　そんなふうに、日本を侮蔑しながら反日を言っているわけですが、もちろん「許さない」という気持ちもそこにはあります。ただし、単に「日本がとんでもないことをしたから許さない」のではありません。

石　どういうことですか。

呉　韓国人が反日感情をぶつけるときに、「反省しろ」「反省しろ」と、いつもいつも同じことを言うでしょう。これは日本人がまともな人間ではないという前提があるから、「反省しろ」と繰り返し言うんです。

石　犬に一回教えたくらいではわからないのと同じで、常に反省させなければならないということですね。

呉　そんな感じです。それと同時に、日本人には倫理的な軸がないからわからないと韓国人は思っています。善悪がはっきりせず、まともな人間ではない。だから、日本人はいつも叩いておかないと、いつ軍国主義が復活するかわからない。そういう前提が韓国人にあるんです。

石　日本人を最低の民族とする韓国の発想に関して、歴史を持ちだして説明されたりしますね。中国文化が朝鮮半島に伝わって日本に行った。韓国文化あるいはその大本《おおもと》の中国文化を採り入れた国が日本である。にもかかわらず、豊臣秀吉が侵略し、近代も韓国を植民地にした。だから、恩知らずの最低な民族だと。

呉　それは日本にはまともな文化、高度な文化がなかったという前提がポイントです。

石 そこに重点があるわけですか。

呉 ええ。韓国人の日本に対するイメージは、たとえば李氏《りし》朝鮮と比較しますと、「朝鮮は文《ぶん》の国だ」と誇りにするわけです。そして、文の国の私たちに比べて、日本は戦争ばかりしている「武《ぶ》の国」と位置づける。これは日本に対する民族優越意識を意味します。つまり文の国である朝鮮は文明国だが、戦争ばかりしている武の国の日本は野蛮国なのです。

石 なるほど。

呉 それから、儒教文化では神様を否定して、人間の先祖だけをお祀《まつ》りする。ところが、日本人は海の神様、山の神様から木の神様、草の神様まで、いろいろな神々を信じている。これは儒教からすると未開人なんです。戦争ばかりしている野蛮人と、訳のわからない神々を信じている未開人というのが前提にあって、韓国人はものを言っているのです。

石 そういう韓国では、今でも迷信のようなものが信じられているでしょう。

呉 ええ。韓国にも迷信はあるけれども、それは程度の低い人たちが信じるものとされています。だから、自分は程度が高いと信じている韓国人は「日本は野蛮で未開」ということを前提にして、日本人に対する民族優越意識を持っています。

石　武が野蛮ということは、侍《さむらい》も野蛮なんですか。

呉　そうです。

石　なるほどね。中国でも似たようなところがあって、中国人が理解している武士道と、日本人が理解している武士道は全然違います。日本人の理解している武士道は哲学であり、一種の生き方であり……。

呉　それから、美意識でもあるんですね。

石　そうそう。一方、中国人が理解している武士道は、要するに「バカヤロー」と怒鳴って人を殺すこと。それが彼らの言う武士道です。

呉　日本ではたとえば刀にも大変な美意識が込められているでしょう。最近、日本刀をたくさん持っている方から「刀に込められた美意識を研究するとおもしろいですよ」と勧められたのですが、その方は「韓国人、中国人で刀を研究する人は一人もいない」とおっしゃっていました。なぜかと言えば、韓国人、中国人にとって刀は人を殺す道具でしかなくて、野蛮というイメージがあるからだそうです。

石　それは是非《ぜひ》、研究されるといい。

呉　「そのうちにいろいろな刀を見せてください」と答えたのだけれども、日本人にとって刀は人を斬る道具ということだけでなく、美が含まれています。これは江戸時代の前の戦国時代からありました。そのようなことが「日本人は野蛮で未開」という前提で教育された韓国人にはわからないんです。

石　そういう認識は近代以前からあったのですか。

呉　ありました。ただ、体系的になったのは戦後の歴史教育です。

中国に屈服する分、余計に日本を軽蔑しなければならない

呉　韓国の歴史教育は、日韓関係についてたくさん取り上げられていて、大きく三つのパートに分かれています。まず古代の三国時代。新羅《しらぎ》・高句麗《こうくり》（注１）・百済《くだら》（注２）の三国は立派な文明国だったというところから始まります。ただし、中国から文明、文

化がたくさん入ったということはあまり出てきません。仏教にしても、「中国から入ってきたかもしれないけれども、我が国式につくられて仏教が栄えた」という感じです。文字も早くから入ってきて、朝鮮半島が芸術的にも文明的にも栄えていたときの日本列島を見ると、文字もなければ仏教もなければ何もない未開の地だった、ということが力説されます。

石　なんとなくわかった。要するに、韓国の歴史教育は「自分たちの国がいかに素晴らしいか」を言うために、日本を引き合いに出す。そうして自分たちの優越感を満たそうとする。まあ、中国と比較したらどうにもならないですけど。

呉　そうです。中国との比較はないんです。そして、漢字が中国から入ってきたということはほんのわずかしか語られず、多くは「日本は何もなかった。そこに私たちが教えてあげた、伝えてあげた」というところを大きく強調する。おかしなことに、「漢字も仏教も素晴らしい焼き物も韓国にあり、それを日本列島に教えてあげて、やっと日本はまともな国らしき国になった」と言うので、なぜか、すべてが韓国生まれになっている感じ（笑）。

石　それが韓国の古代史ですか。

呉　はい。次に、その恩もわからないで、豊臣秀吉が朝鮮を侵略したということになるんですね。

石　それが中世ですね。

呉　さらにまた恩を忘れて、近代に韓国を植民地にした。この三つが韓国の歴史教育における柱で、ほとんどが日本民族に対する民族優越意識から生まれたものです。

石　わかった。韓国人が自尊心を満足させるために、日本は必要な道具なんですね。そのためには、日本人が永遠に野蛮で未開の民族でなければならないわけだ。

呉　あれだけいろいろやられていたのに、中国に対しては反感や反発がなくて、とにかく日本からやられたことだけが強調され、しかも日本を軽蔑することによって自分たちが優越感を感じられるように教えているわけです。

石　そういう意味では、日本統治の三十数年間、日本が韓国にいろいろと近代的なものを教えてあげたことを、韓国人は死んでも認めたくないでしょうね。

呉　そうです。日本を軽蔑することによって、韓国人は「自分が上だ」と優越感を感じるのだから、日本のお蔭とは言いたくない。

石　要するに、こういうことでしょう。中国に対しては常に頭が上がらない。だから、事大《じだい》主義になるのですが、同時にどこかに代償を求めるのが人間の常です。中国に事大する代わりに、自分もどこかで優越感を感じたい。その対象は結局、日本しかない。だから、中国に屈服する分、心理的代償として余計に日本を軽蔑しなければならない。

たとえて言えば、すごい御主人様がいて、毎日、この御主人様に顎《あご》で使われて疲れてしまう。この家来が家に帰ったら、自分の家の奴隷を同じように、いや倍返しでこき使う。おそらくそれです。

呉　国家と国家の関係にとどまらず、韓国人の人間関係も基本的に上下関係中心で成り立っています。上下関係の秩序は儒教、朱子学の伝統だけれども、きちんとした階級があって、上の人は下の人を軽視し、下の人は上の人を尊敬するという仕組みです。これが韓国人の社会的な体質になっています。

石　なるほど。会社で言えば、部長が社長に軽視されて、その分、部長は課長を軽視する。課長は平社員をやっつける（笑）。

呉　この心理があるから、多くの韓国の企業が中国に出ていって、快感を感じたんですよ。中国人は経済的に低いからということで、社員に中国人を雇って、優越感を感じる。韓国人は人を軽視したり軽蔑することによって、自分が上だと快感を感じることがよくあるんです。

石　それが対日関係に見事に表れているわけだ。

呉　そう、日本に対しては実に顕著にそれが表れています。

注1　高句麗　高句麗（紀元前三七～六六八年）は満洲（中国東北部）南部から朝鮮北中部にあった国。六六八年、新羅によって滅ぼされた。

注2　百済　百済（三四六～六六〇年）は朝鮮半島南西部にあった国。六六〇年、新羅によって滅ぼされた。

人前で部下を褒める中国、人前で部下を蔑む韓国

石　そういうところは中国と違います。近代になってから中国もプライドがガタガタ、ボロボロになりました。しかし、基本的に中国人が自分たちのプライドを満たすために、わざわざ日本を軽蔑する必要はない。昔から中国は一つの完結した世界だからです。

近代以前にはなおさらそうです。たとえば、唐《とう》は当時の世界で最もインターナショナルな国で、習近平が披露した新羅出身の詩人とか、日本人でも阿倍仲麻呂（注1）などが唐の官僚として登用されたけれども、結構いろいろな国から人が来ている。おそらく国際社会は唐の都・長安《ちょうあん》が中心だった。

呉　そういう歴史的背景が中国の場合はあるでしょうね。

石　だから、侮日もなければ反日もない。むしろ日本を意識していない。自分たちは既に世界一なのだから、日本と比較して自分のプライドを満足する必要はないんですね。現代でも日本を「鬼子《グイズ》」とか呼んだりしますが、本気で日本を軽蔑することにはならな

いです。

呉　中国人の人間関係はどうなんですか。自分より低い人を軽視したり軽蔑するとか、そのような精神性はあまりないですか。

石　そこまではないです。

呉　そこも韓国と大きく違うんですね。韓国人の場合、たとえば会社の社長がお客さんの前で自分の部下を怒ったり、悪口を言ったりします。

石　それは中国文化と正反対です。韓国の儒教文化は中国とは別の意味の儒教文化なんでしょう。中国的な儒教の中では、むしろ上に立つ人が人前で部下を褒める。それが大人《たいじん》、大きな人間であることの証拠なんです。中国で上に立つ人間、たとえば習近平がみんなの前で自分の秘書を叱ったりすれば、笑われます。要するに、「こいつは器量が小さい」と。

呉　ああ、全然違いますね。

石　中国の指導者はわざわざ労働者をつかまえて握手するでしょう。

呉　韓国の場合は人前で部下を蔑《さげす》むことによって、「あの人が上だ」と尊敬されるんです。だから、自分の部下であれ何であれ、人前で軽蔑することはよくあります。これは韓国人の間で普通に行われているのだけれども、日本に来たら「みっともない」と言われました。

石　いずれにしても、韓国にとって日本はたいへん必要な存在なんですな。

呉　今までは反北朝鮮意識がありましたから、少し分けられたのだけれども、北朝鮮に対する敵対感情がなくなると、日本だけに集中しますからね。

石　それはそうだ。

呉　今の朴大統領が中国やアメリカやヨーロッパに行って、日本人の歴史認識は正しく直してほしいと言ってきたでしょう。たぶん、そのこと自体がどれほど恥ずかしいことなのか、わかっていないはずです。日本では、そういうことを口にするのは「みっともない」と感じるし、よそで告げ口みたいなことを言う人は人格を疑われてしまう。韓国ではそうではない心理が働いている。

石　その点、中国の反日は単純です。要するに、政治的に計算した、一時的な反日。今、呉さんがおっしゃったような歴史的な深さはありません。中国の反日ははっきり言って、江沢民《こうたくみん》（注2）政権以来、政治的な思惑でつくられたものです。要するに、政権維持のために使う道具です。おそらく反日を煽《あお》り立てた政権の中の人々はみんな「そんなこと、どうでもいいよ」とわかっている。ただ、政権を維持するための道具として日本を利用しているわけです。

注1　阿倍仲麻呂　奈良時代に唐に留学し、科挙に合格して唐の玄宗に仕えた。李白、王維などの詩人と交流があった。帰国を望んだが、船の難破で果たせず、七七〇年に唐で死去。
注2　江沢民　中華人民共和国第五代国家主席、中国共産党第三代中央委員会総書記。鄧小平が引退した後、最高指導者となった。上海閥のトップでもある。

日本を見下ろすところで成り立つアイデンティティ

石　呉さんがおっしゃった韓国の反日の根というのは、民族の存在に関わる問題ですね。つまり、アイデンティティを確立するために毎日が欠かせないものになっている。

呉　そうです。日本があることで……。

石　韓国が存在し得るんです（笑）。

呉　しかも、韓国の場合は小中華思想（注1）という考え方がとても強い。その小中華思想では、島ということが軽蔑の対象になるんです。

石　島国であることが軽蔑されるんですか。

呉　韓国国内ではソウルが政治・経済・文化の一番の中心地で、そこから遠くなれば、未開地とみなされます。

石　それは中国の昔の秩序関係と同じです。都から離れれば離れるほど、文化度が低いと考えられていました。

呉　それをそのまま当てはめているんですが、一番ソウルから遠く離れている済州島《チェジュ》に対する韓国の中での差別は、他の地域差別とは違った感情があります。

石　ひょっとして、済州島より遠い日本は済州島以下？

呉　そうです。それで、国内で言うと、済州島は高度な中央の文化、文明から遠く離れた未開の地として差別がある。たとえば、韓国のマスコミが私をものすごく侮辱するけれども、そこで私の論についてはほとんど触れていません。とにかく「呉善花はあの未開の田舎者」ということを強調する。済州島人だから人間的、知的レベルが低い。それを前提に言っています。

石　それはすごいなぁ。

呉　おもしろいのは、野蛮で未開だとして日本を軽蔑したい韓国ですが、日本が文明国であり、韓国より経済的にも知的にも上だということが認識されているんです。だから、「このすごい文明国の日本で認められるような本を、人間的に低い呉善花が書けるはずはない。裏に右翼たちが何人もいて操っている」と書かれたりする（笑）。そのようなことをずっと言われるのは、とにかく済州島の田舎者という差別観があるからです。

石　自国の中でも民族差別ができるんですか。

呉　私に関する文章をネットで見ると、毛虫みたいな扱われ方ですよ。

石　日本であいつが九州の出身だから人間的に低いとか、そんなことを言う人はいないでしょう。

呉　韓国人は日本人が理解できないほど、差別がすごいんです。

石　まあ、韓国でひどい差別を受ける済州島以下に日本が位置づけられていることは、日本のみなさんが忘れてはいけないことです（笑）。

呉　島というのは未開地なんです。

石　そう言えば、昔の中国も一番の処罰は島流しでした。

呉　中央には王朝文化があって、きちんとした軸を持ち、知識人がいて、高度な知的活動が営まれる。そこでこそ正しい人間が生まれる。中央から離れていけばいくほど、そのような正しい軸がない。そういう感覚で日本を見ると、つかみどころがないし、儒教でもない。つまり、日本人は正しい人間ではない、となるわけです。

石　要するに、朝鮮民族の民族的優越感も文化的優越感もアイデンティティもすべて、日本を上から見下ろすところで成り立っているという感じですね。

呉　そうです。だから、異様なまで日本を気にするわけです。

石　なるほど。少なくとも近代以前の中国は日本をほとんど意識していません。倭寇《わこう》とかは気にしたかも知れないが、大部分は「日本ってどこにあるの」という感じです。

呉　韓国は本当に日本を気にしているのに、最近は「日本は韓国のことを気にし過ぎている」とか「日本は韓国に片思いをしている」といった文章があちこちに載っているんですね（笑）。

石　おそらく日本が韓国を困らせる一番いい方法は完全無視です。無視すれば、彼らが困ってしまうでしょう。

呉　その点、中国とは違いますね。

石　中国は天安門事件（注２）の後という特殊な政治的環境の中で、共産党の求心力を取り戻すために、いわゆる愛国主義教育として反日を持ち出し、それでなんとかこの数十年間、政権を維持してきました。だから、それ以前の中国に反日感情があったかというとなかったし、ましてや侮日感情はほとんどないです。

呉　韓国の反日は政治的な問題だけでなくて、情緒的に根深いものがあります。昔からお酒を飲むとき、あるいはみんなで雑談をするときに、よく日本をつまみにします（笑）。

石　日常生活に欠かせないんですね。

呉　日本なしでは、お酒がおいしくない（笑）。

石　おいしくない？　それもまたすごいなぁ。

注1　小中華思想　中華文明圏の中で、漢族以外の民族とその国で広まった華夷思想。中国の王朝を「大中華」として、それに並ぶかその下にあたる文明国を「小中華」とする。それ以外は夷狄か禽獣となる。小中華思想で代表的なのは朝鮮である。

注2　天安門事件　一九八九年六月、北京の天安門広場に民主化を求めて集まった市民や学生を武力弾圧した事件。国際社会から非難され、中国は孤立化した。

韓国は日韓関係を国際関係と思っていない

呉　先般、サッカーの試合で韓国人が「過去を忘れた民族に未来はない」という横断幕を掲げたでしょう（注1）。あれも侮日の表れです。正しい人間、知的な人間というのは「過去があって、現在があって、未来がある」という考え方を持っている。ところが、日本人は「過去を水に流す」。だから、忘れてはいけないことを忘れてしまう。これは未開人だ、という発想なんです。「過去を水に流す」という言葉に含まれた日本人の美意識を彼らはわかっていませんから、そういうふうに考えるわけです。

石　あの横断幕事件は中国のネット上でも「スポーツの場にふさわしくない」と、かなり批判されていましたよ。下村博文文部科学大臣が「民度が問われる」と言ったけれども、私もそう思います。歴史にこだわりすぎる民族にこそ未来がない（笑）。

呉　それから、二〇一二年、天皇陛下に対する李明博《イミョンバク》大統領の「土下座して謝れ」という発言も侮蔑なんです。土下座して手を擦りながら「ごめんなさい、許して、許して」と涙を流しながら言うのは、韓国では低い人が罪を犯したときにすることです。だから、天皇陛下に対するまったくの侮辱、侮日ですね。そういう侮辱的な発言を大統領までが無意識のうちにしてしまったのです。

石　韓国はよく日本を失礼だとか非礼だとか言うけれども、日本に対してはどんな無礼も許されるわけですね。

呉　今の韓国の反日感情をよく見ると、ただただ反日。本当に反日だけならば、どこかで国際社会ということを考えるはずです。実際、国際社会の一員であることを意識して、他の国との間では守るべきルールを守っているんですよ。日本に限って、国際法も何も無視する。これはもはや日本を国家として見ていない。侮辱したいからそういうことになるんです。

石　対馬《つしま》で盗まれた仏像を返さない（注2）というのも、国際ルールを無視した話ですよね。

呉　仏像が韓国から盗まれたものでないことを証明できない限り、韓国に留め置くという仮処分を地裁で決定しました。日本を一つの国家として考えているなら、こんなことはできません。これほど恥ずかしいことをやれるというのは、「日本人はまともな人間ではない」という前提で見るからです。だからユネスコの規定を無視するようなことを平気でやれるんです。

石　韓国では主権国家という国際関係の基本をどう考えているのですか。

呉　他の国については認めています。ところが、日本との関係になると、それを忘れてしまうのですよ。

石　現代の国際社会の基本は日本にだけあてはまらない。と言うより、最初から日本に対してはない？

呉　そう。国際関係だと思っていなくて、隣同士だと錯覚しているんです。

石　おそらく日本に対するときの感覚が中華秩序なのでしょう。韓国が上であって日本は未開の地。

呉　未開で野蛮という観念がまずあります。だから、そのような感情論が先に立ってしまうわけです。

石　結局、日本に対するときの韓国は、理屈ではないのでしょうね。

呉　そうです。理屈ではあり得ないことをやっている。今の韓国は対日本となると、感情論だけです。そして、そのことを韓国人自身がわかっていません。無意識のうちに侮日が働いているからです。

石　そうであればなおさらのこと、ムキになって韓国のアクションに対応する必要など、日本にはないですね。中国の場合は韓国的な屈折した心理はないし、反日感情そのものがそれほど根深いものではないけれども、韓国と別の意味で怖いのは、中国の老獪《ろうかい》さです。要するに、反日が政治の道具であることをわかった上で、うまく利用している。

時には友好的な顔を持ち出して、とにかく日本をうまく使おうとするんです。

呉　カードの一枚ということですね。

石　戦略的に日本をどういうふうに利用するかと冷徹に考える。そういう面が別の意味で怖いですね。韓国のほうがまだわかりやすいかもしれません。

呉　でも、韓国の場合は冷静になれないから問題なんです。

石　ああ、それはそうだ。

呉　だから、本当にムキになり、判断力が麻痺してしまう。これは恐ろしいですよ。日本に関してだけは、法律でも何でも反日をやる。国連事務総長ですら、あそこまでなってしまう。

石　なるほど。中立性が何よりも大事な立場にいても、こと日本に関する限り、理性が働かなくなるわけだ。

呉　逆に言うと、日本に対してものすごく親近感を持っていて、国家と国家との関係であることを忘れてしまっているんです。

石　国と国の関係という視点が失われるんですね。

呉　そのような関係性が働いている上に、前の日本の民主党政権は友好関係とか盛んに言っていたし、韓流ブームもすごかった。だから、日本と韓国がまるで兄弟であるかのような錯覚に陥《おちい》っていると思います。そうした場合、兄弟のように「あなたのものは私のもの」という感覚になりがちで、また「そこまでしないと兄弟ではない」という感じが、日本との関係意識にはあります。これが恐ろしいんです。しかも、それがおかしいことをみんな気がついていませんから。

石　なるほど。

呉　ですから、竹島問題も「国際司法裁判所に出ましょう」と言ったって韓国は応じません。出ると負けることは明らかですが、出ないで突っぱねて、わがままを言えるのは相手が日本だからです。

逆に言うと、甘い日本をなめているんです。日本はお人よしの国ですから、わがままを言えばいい。たとえば今、「軍国主義が復活する」と韓国で騒いでいるけれども、絶対に日本から攻められることはないと心中では思っています。

石　しかも、成功した経験則がいっぱいあって、とにかく日本に対して圧力をかければ必ず折れる。

呉　そうなんですね。

石　韓国にしても中国にしても、とにかく日本はやりやすい相手です。しかし、本当の意味での安全保障、国際戦略を冷徹に考えてみると、韓国にとっても日本にとっても、将来の一番の敵ははっきり言って中国以外にない。これは後で話をするけれども、中国の覇権主義的な野望が達成されたならば、韓国も日本も困ってしまうんです。

たとえば、東シナ海が中国海軍によって支配されてしまうと、日本の貿易ルートを中国に押さえられるし、韓国も同じことになる。いや、韓国は日本よりもさらに困る。韓国は経済対外依存度が日本より遥かに高いからです。

だから国際戦略の冷徹な観点からすれば、本来なら韓国は日本と手を組んで中国とどう対処するべきかという問題を考えなければならない。でも、韓国はどうしても反日の方向に行ってしまう。それは仕方がないということを、呉さんのお話をうかがっていて感じます。

注1 サッカーの東アジア杯横断幕事件 二〇一三年七月にソウルで行われた男子サッカー東アジア杯の日本対韓国戦で、スタンドに「歴史を忘れた民族に未来はない」と書かれた横断幕が掲げられた。FIFA(国際サッカー連盟)の規定は応援における政治的な主張を禁じていて、これに違反する可能性が指摘されている。

注2 対馬市観音寺の仏像盗難事件 二〇一二年十月に長崎県対馬市の観音寺から観世音菩薩坐像が盗まれ、二〇一三年一月に韓国で窃盗グループが逮捕されたが、「もともとの所有者」と主張する韓国の浮石寺が仏像を日本に戻さないという仮処分を大田地裁に申請し、三月に地裁は仮処分を認めた。

中国の歴史教育で重要な「神話」がある

呉 中国の反日教育とはどういうものですか。

石 韓国と違うのは、何かを日本に教えてやったというように、日本に対する優越を強調する必要がないことです。もちろん中国の歴史教科書は中国に素晴らしい文化があったことを載せているけれども、日本を意識してはいない。もともと中国がアジアの文化的中心地だから、それを証明するために別に日本を引き合いにする必要がなく、そういう意味での反日教育はないんです。日本に関する歴史教育はほとんどが近代です。

呉 どんな内容ですか。

石 特に江沢民時代からは、「近代に入って中国を一番いじめ、一番多くの被害を与え、中国人に対して大変な罪を犯したのが日本人である」ということに重点を置いて教えています。もう一つ、そこから歴史的神話が生み出されました。「日本という民族の強敵に対抗して民族を解放してくれたのは、我が中国共産党」という神話です。日本という悪を退治した共産党が英雄になるというシナリオです。

呉 なるほど。韓国の場合は、侮日的な民族優越意識がいろいろなところに出るのだけれども、かなり前に韓国の大学教授が書いた『日本は韓国だった』という本がありました。

石 日本は韓国だった？

呉 日本の奈良などを歩いてみて、そこにある文化が韓国から来たものだと証明されたという内容の本です。また在日朝鮮人の金達寿《キムダルス》が書いた本では、韓国語系のような地名・人名をたくさん拾い出して、だから日本人のルーツは朝鮮半島だというような言い方をしています。日本人にもそう思いたい気持ちがあるようだけれども、そういうことが韓国人には受けるんです。最近は一般でも「あらゆる日本の文化の起源は韓国にある」という言い方を盛んにしています。お茶も韓国だとか、日本の武士道も韓国だとか……あんなに武を蔑視しながら（笑）。

石　そこは韓国人と中国人はやっぱり違う。別に中国の弁護をするつもりはないけれども、近代になって中国の知識人が日本に来ました。彼らも、奈良や京都に中国文化の要素がいっぱいあるという、同じ発見をした。しかし、考えが全然違う。多くの中国知識人は「そうか。自分たちの国で失われたものが、今、日本で生きているじゃないか」と、むしろ感激しています。

呉　そうですか。そこは全然違いますね。韓国はちょっとしたことも「俺たちが起源だ。韓国が日本に教えてあげた」と（笑）。

石　なるほどなぁ。

呉　最近は韓国なしに日本の高度な文化はあり得ないと言っているくらいです。

石　中国の知識人は、中国の文化が日本の文化の中で継承され、それがまだ生きているということを感心してみせる。そういう余裕があるんですな。

呉　韓国人はそれを発見して満足感を得ます。今回の韓流ブームも韓国人は大きく胸を張っています。つまり、戦後の日本はいろいろな意味で先進国でしょう。あの先進国でみんなが韓国の文化にはまっている。これをありがたいとは思わないで、日本を支配したという気持ちになるんです。

石　支配ですか。

呉　だから、いろいろなものを韓国起源にしたがるんですよ。それを言うことによって満足する。そこに韓国人の民族優越意識が表れています。

石　いやぁ、情けないですな。そんなことでしか、自分たちの優越感を満たせないというのではね。

呉　日韓の歴史に対するとき、韓国人は感情的になりがちです。

石　条件反射で感情が先に立ち、合理的思考が働かないんですね。

呉　そうです。合理的に考えられるのなら、これだけの反日感情をぶつける必要はないでしょう。

石　要するに、日本に対する優越感は韓国人のアイデンティティの根底にある。だから、中国がある日、反日から抜け出すことがあるとしても、韓国は無理ということになります。

呉　そうです。日本を侮辱することによって自分たちの存在意識を感じますから。ですから、相当な知識人たちも「日本の文化は韓国が起源だ」という言い方をしていて、これも侮日観の一つの表れです。

石　韓国で一流と言われる学者でもそういうところがあるんですか。

呉　ええ。

石　要するに、韓国の歴史学者は、日本の文化のルーツが韓国にあることを見つけたら仕事が終わり。

呉　それで満足感を得ます。「ここまで韓国、韓国と言うのか」と思うくらい、本当にすごいですよ。みんな古代の話になりますと、「韓国の三国時代に文明も文化もなかった日本にこれだけ私たちが教えてあげた」という話一色です。

石　未開の地ですからね。

呉　そう教えられるわけです。だから、反日感情を言うときは、子どもたちですら、侮辱的な言い方をするんですね。

石　さもないと、自分たちの国の歴史を教えられないんですか。

呉　韓国の歴史教育は日本なしでは成り立ちませんね。

石　ということは、韓国は日本をたいへん必要としている。

呉　ほんと（笑）。

中国も韓国も歴史は「つくるもの」であって事実は関係ない

石　結局、歴史に関して日本人と韓国人はコミュニケーションできませんね。

呉　無理です。実際、日本の学者と韓国の学者が集まって歴史共同研究会を何度も開いていますが、うまくいかない。その理由として一つには、「日本が韓国を統治した三十六年間に問題がある」と韓国人が思っていて、「日本人は反省しなければならない」という要求が先に出てくるからです。これは要するに「日本のほうから韓国の歴史認識に当てはまってこい」ということですが、この問題だけではなくて、古代まで遡《さかのぼ》って「日本は私たちが教えてあげた国なんだ」という前提が韓国人にあります。これを理解しない限りは韓国の姿勢はまるでわかりません。日韓歴史共同研究なんか絶対に成功しませんね。

石　三国時代以前に邪馬台国《やまたいこく》の卑弥呼《ひみこ》が魏《ぎ》の帯方郡《たいほう》（注１）に使者を出し、その使者が洛陽《らくよう》の都まで行き、魏の皇帝から金印をもらった。ということは、邪馬台国が中国の王朝と直接、つながっていたことを意味します。

呉　「魏志倭人伝《ぎしわじんでん》」ですね。

石　そうそう。漢《かん》王朝（注２）は朝鮮半島の一部を支配し、漢王朝が潰れた後もそれが続いていました。つまり、新羅や高句麗や百済から文化が伝わる以前に、中国の文化は日本に入っていた。そういうことは「関係ない」となるんでしょうね。

呉　日本は歴史を実証しようとしますよね。しかし、朝鮮半島では歴史を抹殺したり戦争でなくなったりして、証拠がほとんど残っていません。だから、韓国人の歴史観は上《うわ》っ面《つら》のイメージになりがちなのです。たとえば、歴史教育で「日本が悪いことをした」と教えますが、それに対して「証拠は？」と問われたら、漠然《ばくぜん》としたことがほとんどです。それればかりか、「日本統治時代に実際、こんなことがありました」と言うと、「そんなことを教えてはいけない」「知ってはいけない」ということになり、とにかく「日本が悪いことをした」というイメージでしか語られません。「日本統治時代の朝鮮は経済的にこんなに豊かだった」と私が書いたら、韓国からひどく叩かれていますが、日本が朝鮮を豊かにしたことを調べてはいけないし、書いてもいけないんです。

石　「あるべき歴史」ですね。

呉　そうです。慰安婦問題にしても、日本人は「こうだった」ということを実証しようとするでしょう。でも、慰安婦なのか挺身隊なのか従軍慰安婦なのか、それが強制的に連行されたかどうかという事実について、韓国では関心がないんです。全員が従軍慰安婦であり、すべて強制連行だといっしょくたになってしまう。事実を検証しようとしても、聞く耳を持ちません。

石　事実を無視する点では中国の歴史的な主張も同じです。歴史教育で教えられる、いわゆる南京《ナンキン》事件の取り扱いもまったくいっしょ。要は「南京大虐殺はあった。三十万人が殺された」。これは検証する以前の問題です。

呉　議論する前に決まっているわけですね。

石　決定事項です。たとえば日本の学者との間でこの事件を検証するとき、検証する前に「まず、これを認めるか。認めれば検証しよう。認めなければ、おまえと話すことは何もない」となる。しかし、南京で三十万人が殺されたことを認めたなら、それを検証する必要はなくなります（笑）。

呉　中国人も韓国人も、「歴史はつくるもの」というのは儒教の影響ですね。

石　そうそう。儒教にとって事実は意味がない。だから、事実を調べる意味がないんです。

呉　そうですよね。

石　観念がすべてである。

呉　観念。

石　だから、儒教から科学が絶対に発生しません。

呉　なぜ儒教では事実を調べる意味がないのでしょうか。

石　そもそも儒教が実証不可能な世界を対象にしているからです。儒教は基本的に政治論です。客観的な事実を検証するものではなく、皇帝がそう思えばそれがすべてということ。要するに、政治的イデオロギー。

呉　事実がなんであろうとも関係ないわけですね。

石　関係ない。すべて権力のために世界観を織り出すというような学問です。

呉　それでは日本人との間で議論が成り立ちませんね。

石　成り立たない。

呉　日本人はなにかあると、事実をもって検証しようとするけれど、そんなことは聞いてくれないのだから。

石　そういう意味では、中国・韓国との間で歴史観の違いをどう埋めるかという議論が日本国内であるけれども、これは乗り越えるものではないんです。歴史観以前の問題で、日本と中国と韓国が同じ歴史観に立つことは最初からあり得ない。

呉　そうだと思います。

石　中国にとって、そもそも歴史とは「何かの目的のために利用されるもの」というだけの話ですから。

呉　だから、実証など関係ないんですね。韓国もそうで、政治のために利用できるイメージをつくればいい。慰安婦問題も「日本が韓国の女性を強制的に慰安婦にした」ということを認めるか認めないかだけが問題であり、事実がどうだったかは関係ない。

石　そうそう。中国と韓国の歴史認識の共通点は、歴史を事実として取り扱うのではなくて、「つくるもの」だということ。

呉　ウソのイメージをつくって利用する。

石　歴史認識に関わる反日もそうです。ただし、中国と韓国で違うところもある。中国は一時的な政治的利用だが、韓国は民族のアイデンティティの根源に置かれている。韓国にとって、歴史像が民族のアイデンティティの根幹に関わるから、それをひっくり返すことはできない。ひっくり返したら、民族そのものが崩れてしまう。

呉　そういう問題ですね。

石　これは厄介《やっかい》です。

呉　ええ。

石　政権が替われば政治的利用がなくなるかもしれない。しかし、民族のアイデンティティはもう……どうにもならない。

呉　そうですよね。これは決定的なことですね。

注1　魏の帯方郡　二〇四年から三一三年まで朝鮮半島に置かれた中国の拠点。初めは遼東に拠った公孫氏、次に三国志時代の魏が支配した。

注2　漢王朝　紀元前二〇六年から紀元二二〇年まで、一時期の中断を挟んで続いた中国の王朝。

第4章　中国経済が破綻するとき、韓国は道連れになるのか

輸出と投資が支えてきた中国経済の落とし穴

呉　今、韓国は経済的な面で中国を頼ろうとしているように思われるのですが、石さんは「中国経済はもう終わった」ということを本や新聞などで書かれていますね。どんなところで中国経済が終わりなのでしょうか。

石　実は、韓国の抱える経済問題と中国の抱える経済問題は、根本のところで結構、類似しています。

呉　そうなのですか。

石　まず、両国ともに対外依存型の経済という点です。韓国はGDPに占める輸出の割合が五〇パーセントを越えています。輸出というのは外国の消費者に買ってもらっているわけで、韓国経済は半分以上が外国人によって支えられている。

呉　そうですね。

石　経済成長を続けてきた中国もそれと同じような問題を抱えています。中国のGD

Pに占める輸出の割合はいろいろな説があるのだけれども、一般的な数字は三七%以上というもので、韓国ほどではないにしても結構大きい。中国経済がこの十数年間、高い経済成長を維持してきたことは御承知の通りで、二〇一一年までの全体の経済成長率はだいたい一〇%前後です。そして、二〇一〇年までは対外輸出の伸び率が毎年二五%以上でした。要するに、高い経済成長を輸出が支えたわけです。

呉　なるほど。

石　そういう対外依存型の経済は結構脆弱《ぜいじゃく》なんです。たとえば、日本のGDPに占める輸出の割合はせいぜい十数%で、それでもまだ貿易立国とか言われます。確かに十数%であっても、世界経済で何か大きな変動が起きれば、日本はたいへん困るでしょう。では、GDPの半分以上を輸出が占める対外依存型の経済はどうなるか。

呉　日本の比ではありませんね。

石　そうです。韓国ほどではないにしても、中国経済も輸出が減れば大打撃を受ける。要するに、両方とも他力本願で経済成長をやってきて、世界経済の大変動に対する抵抗力が弱い。ただし、中国経済が韓国経済と構造面で多少違うのは、基本的に社会主義独裁国家ですから、政府の財政出動による投資拡大という手法が大胆に採れることです。事実、中国の経済成長を支えてきた柱の一つは、政府による公共事業投資でした。

呉　リーマンショック（注1）のあと、大規模な公共事業投資をやりましたね。

石　それ以前からもやっているんです。では、どうして中国はそんなことをやるかと言うと、背後には中国の抱える問題がある。第一に、これもまた韓国とおそらく構造的に似ている問題で、貧富の格差です。韓国の場合は財閥に富が集まっているのに対して、中国の場合は政治権力の関係者に富が集まった。要するに、政治権力を利用して利権構造をつくりあげた人々が集中的に富を握っている。しかも、中国は韓国よりもさらに極端で、富が一部の人々に集中し過ぎています。

貧富の格差があまりにも拡大すると、結果的に内需不足になります。というのは、大半の人々が消費しようとしてもお金がないから買えないし、抜群に富を手に入れている人々は国内で買うものがなくなり、海外に行って消費することになるからです。この内需不足が中国の抱えるもう一つの問題です。経済関係の数値に個人消費率というものがあります。自国の経済に占める国民一人ひとりの消費の割合のことで、アメリカは七〇%

と高い。日本はだいたい六〇％です。単純に言うと、夜、仕事を終えて一杯やったり、お昼に近くの店でランチを食べたりすることで内需に貢献するんです。一杯やるのを立ち呑み居酒屋から寿司屋に変えれば経済成長に貢献することになります。

呉　（笑）。

石　日本経済は六割がわれわれの消費によって支えられている。その点で日本は実に健全です。しかし中国はだいたい三七％にすぎません。これは異常なんです。逆に言うと、中国経済の六割以上が国民の消費ではないのですから。では、あとの六割はどこで算出されるのか。一つが輸出で、外国人が消費している。もう一つ、消費が足りない分を投資で補っているんです。そもそもGDPというのは一つが消費で、一つが投資です。本来ならば増えたニーズに対応して設備投資をやる。それが本物の投資ですが、中国の場合は逆です。消費が不足しているから一所懸命に公共事業投資、不動産投資をやる。それでなんとか経済成長を維持してきました。中国の高成長は本末転倒《ほんまつてんとう》の産物なんです。

注1 リーマンショック　二〇〇七年にサブプライムローン問題によって大きな損失を出し

た投資銀行リーマンブラザーズが二〇〇八年九月に破綻。これが世界的な金融危機へと発展し、世界同時不況を引き起こした。

中国では異常な量のお金が流通している

石　そういう構造の中で、どういう問題が生じてきたか。いわゆる流動性過剰という問題です。中央銀行が投資拡大を支えるために、過剰にお金を発行しました。簡単に言えば、これは金融緩和のことです。お金というのは本来、自国の実体経済のサイズに合わせて発行されるものです。だから、お金が多ければ多いほどいいというわけではありません。しかし中国の場合は中央銀行が大量にお金を発行した。それが主要銀行を通して市中に投入されたのですが、今どうなっているかと言うと、中国で流通している人民元は百三兆元にのぼります。

呉　百三兆元？

石　百三兆元がどういう数字なのかと言うと、去年の中国のＧＤＰは五十二兆元でした。したがって、ＧＤＰの倍近いお金が流通しているんです。ちなみに百三兆元をドルに換算すると、今アメリカ国内で流通しているドルの一・五倍になります。大変な金融バブルですよ。中国の経済規模はせいぜいアメリカの半分程度です。経済規模がアメリカの半分程度なのに流通しているお金がアメリカの一・五倍。ということはお金をあまりに発行し過ぎているということです。

呉　それは異常ですね。

石　お金を発行し過ぎたらどうなるか。当然、お金の価値が減る。お金の価値が減るということはモノの価値が上がる。要するに、インフレになります。実際、中国では二〇〇九年からインフレが始まりました。インフレが始まると、当然ながら物価が上がります。

呉　それから、人件費が上がりますよね。

石　そう、人件費が上がる。人件費が上がると、輸出が減る。なぜ、人件費が上がると、輸出が減るのか。中国の場合は、韓国よりもさらにひどい経済構造があって、韓国はまだサムスンなどの企業が一応、付加価値のあるものを作っているが、中国の輸出は付加価値の低いものしかない。それを世界中で売りさばくためには、安く作ることが必須条件です。安く作る上で、今までの中国の強みは人件費が低かったことです。しかし、人件費が二〇一〇年、一一年、一二年の三年間で六割も上がった。そうなると、中国で安く作れなくなる。安く作らなければ売れなくなる。中国製品ははっきり言って安いからみんな買うけれども、安くなかったら誰も買いません。

こういうことで、二〇一一年から中国の対外輸出の急成長が止まりました。二〇一〇年の対外輸出の成長率はまだ伸び率が二五％以上だったんですが、二〇一二年には七・九％になった。二〇一三年は乱高下しているけれども、六月はマイナス三・一％です。これまで輸出で経済成長を引っ張ってきたのだから、輸出の伸びが止まると経済成長が止まるのは当然です。

国有大企業と国有銀行がシャドーバンキングに参入した

石　先ほどのインフレの話に戻ります。インフレが始まると、物価が上がります。中国の場合、一番ひどかったのは食品中心に物価が上がったことです。食品を中心に物価が大幅に上がると、それをコントロールしなければ社会的大動乱が起きる。どうして起きるのか。貧富の格差が大きくて大半の国民は貧困層だから、ぎりぎりの線で生活している。食品が高くなれば貧しい何億人もの民がいずれは食べていけなくなる。そうなると、当然、革命です。

呉　それは絶対に避けたいですね。

石　そうです。革命を避けるためには、なんとしてもインフレを抑えなければならない。インフレを抑える方法は一つしかありません。どこの国でもそうですが、金融引き締めです。それまでのお金を大量に放出する政策と正反対の政策をやるより方法はないのです。実際、中国は二〇一〇年の秋から二〇一二年まで金融引き締め政策をやりました。金融引き締め政策というのは、銀行から出るお金を止めるんです。止めると、市場に流通するお金が減っていく。それで物価が下がる。確かに二〇一二年の秋はインフレ率が多少下がりました。しかし、その副作用も大きかった。

呉　金融引き締めの副作用？

石　中小企業が潰れてしまうんです。今、中国経済の六割を支えているのは民間の中小企業です。問題なのは、中国では国有銀行が金融システムのほとんどを担《にな》っていることです。国有銀行は普段でもあまり中小企業にお金を貸し出していません。はっきり言って、中小企業の面倒を見ないんです。そんな環境で政府が金融引き締め政策をやると、中国の中小企業はテレビドラマの「半沢直樹」のお父さんのように、銀行に殺されてしまう。現実に経営者が死ななくても、会社は潰れる。

それでまず、中国の中小企業がダメになった。中小企業がダメになると、実体経済が下がってダメになる。その中で何とか頑張ろうとする中小企業があって、「銀行は貸してくれないが、どうしてもお金を借りたい」。そういう中小企業のニーズに応じて、いわゆる闇《やみ》金融が活躍するんです。余った資金が闇金融に流れ、高い金利で中小企業にお金を貸すわけです。中国で言えばこれは高利貸し。金利がすごく高くて、暴利と言っていいくらいです。中国人は暴利に目がないから、みんな資金をそこに持っていって、ますます闇金融が大きくなる。

そうすると国有大企業がこの商売に参入してきた。なぜか。国有大企業は国有銀行から安い金利でお金を借りる特権を持っているんです。その特権を乱用して、銀行から安い金利でお金を借り、それを高い金利で中小企業に貸すわけです。

呉　金融機関でない大企業が国有銀行からお金を借りて、闇金融に参加したのですか。

石　そう、闇金融に参入したんです。

呉　それがいわゆるシャドーバンキングですか。

石　まさにそのとおりですが、話がちょっと早い。国有大企業のやっている商売に目をつけたのが国有銀行です。それで銀行も考える。国有大企業は自分たちからお金を借りて、おいしい商売をやっている。ならば、俺たちもやればいいではないか。ただ、政府が貸し出し金利を決めるから、国有銀行の融資として高利貸しはできません。銀行はどうすればいいか。そこで生まれたのが理財商品というものです。

呉　理財商品？

石　これは要するに金融商品のことです。民間から高い金利でお金を募《つの》る。そのお金を高い金利で貸す。従来の闇金融に国有大企業と国有銀行が加わったものがすなわちシャドーバンキングです。

呉　なるほど。それが国家の力でコントロールできないところまで行ってしまっているということですね。

石　そうそう。今、シャドーバンキングはＧＤＰの四割、一説によれば六割にのぼっています。そういうことになれば、もう国家がコントロールできません。

呉　でも、それくらい巨額になると、潰すわけにもいきませんよね。

石　そうなんですが、破綻《はたん》の危険性はあります。闇金融の高利貸しで中小企業その他に貸したお金が回収できるかどうかがわからないからです。というのは、貸し出している中小企業には担保も何もない。担保がないから闇金融に手を出すんですが、返済できなくなると、中小企業はどうするか。逃げるんです。要するに踏み倒す。

もう一つ、シャドーバンキングの貸し出し先に中国の地方政府がある。地方政府は喜んでプロジェクトをやるんです。プロジェクトをやれば、だいたい地方の幹部はみんな金持ちになるという構造があるからですが、この地方政府へ貸したお金が返済される見通しはありません。地方政府の負債は一説によりますと、正規の銀行融資と合わせて二十兆元です。二十兆元といったらＧＤＰの四割ぐらい。地方政府がシャドーバンキングのお金を踏み倒すと、シャドーバンキングが破綻するのは必定《ひつじょう》です。破綻したら貸したお金が戻ってこなくなり、理財商品を買った人も破綻するし、それに手を出している国有大企業や正規の銀行も破綻する。連鎖反応で破綻が起こったら、金融危機が発生するかもしれないんです。

呉　それはいつ頃までに起こると見られているのですか。

石　この数年間。貸し出している資金の返済期限がこの数年以内ですから。

呉　そうすると、この数年のうちに金融危機が起こる？

石　金融危機の危険性は高いが、必ず発生するとは限りません。というのは、政府がシャドーバンキングを潰さないように、温存させる方法はいろいろとあるんです。ただし、シャドーバンキングを温存させるためには、今後中国の金融システムはかなりきわどい綱渡りが求められます。

呉　その金融政策はうまくいくのでしょうか。

石　それはわかりません。基本的には、引き続き金融引き締めをやるしかない。金融緩和をやって、シャドーバンキングをコントロールできるはずがないんです。しかし、その一方で既に貸し出しが不良債権化していています。日本のバブルが終わって不良債権処理を迫られたときのことを思い出してください。銀行が貸し出しを渋ったでしょう。そのように銀行機能が弱くなり、金融システムがちゃんと働かなくなれば、当然実体経済はさらに空洞化していきます。シャドーバンキングにお金を返せなくなった中小企業はさらに潰れていく。その結果、実体経済がさらに落ちてしまう。金融引き締めによって、そういう経済危機が発生するかもしれないんです。しかも、政府が昔のように大型の財政出動をなかなかできなくなっています。ということは、投資が減る。投資が減って輸出が減れば、経済成長は止まってしまいます。

世界一の外貨準備は国内経済の救済に役立たない

呉　どこかの本で読んだのですが、民主国家は自由経済市場となっているのに対して、中国の場合は国家経済市場となっていて、国家がお金を持ち、そのお金をアフリカなどへの投資に使っている。だから、中国経済はそう簡単に潰れないのではないか。韓国はそういう見通しを持っているように思うのですが、この点はいかがですか。

石　中国の対外投資と国内経済は、あまり関係ありません。対外投資は外貨を使っていますが、はっきり言って中国が保有する大量の外貨は、海外で投資するしか使い道がない。もし中国の持っている外貨を国内に持ち込むなら、ドルやユーロのままでは流通できないから人民元に換える必要があります。

呉　そうですね。

石　ということは、流通する人民元が増えてしまう。

呉　ああ、そうですね。

石　市中に流通する人民元を増やすことは金融引き締めに逆行するし、インフレにつながります。そういう状況だから、中国の持つ世界一多い外貨は国内の経済問題の改善にとってなんにもならない。大半の外貨はアメリカの国債を買うか、それともアフリカなどに投資するしかないんです。おそらく中国の外貨準備高を見て、「中国経済はまだ大丈夫じゃないか」と考える人もいるでしょう。しかし、中国の持つ外貨は国内経済の救済にはなりません。それも中国の抱える問題の一つです。

呉　そうすると、かつてのような一〇％前後の高成長は終わり、悪くなる可能性のほうが明らかに高いわけですね。

石　そうそう。

呉　韓国はそのことを読み取っていない？

石　それはわかりません。輸出に依存する韓国は常に新しい輸出先を探さなければならない。そして、今、中国市場に依存している。

呉　中国が一番多いわけですね。

石　そうです。おそらく中国経済の悪い見通しと中国市場がまだ成長するという見込みを天秤《てんびん》にかけ、後者の希望的観測を採って中国に擦《す》り寄るという選択をしたかも知れない。確かに、中国がこれからも成長する可能性がゼロというわけではないから、それが見誤りだと現段階では断言できません。

呉　たとえば中国の場合は、都会の人たちの他に、地方にも人が大勢いるわけですよね。だから地方にはまだ安い労働力もあるし、市場が拡大する可能性もある。そういうふうに考える人もいます。

石　中国にはまだまだ安い労働力があるというのは確かに一つの考え方ですが、違います。

呉　市場があるというのも違いますか。

石　違います。というのは、中国の流動人口はだいたい二億六千万人と推定されますが、このほとんどが農民工となって、既に都市部へ来ている。したがって、内陸部にはもう労働力がないんです。だから今、中国よりもＡＳＥＡＮ諸国に世界各国が目を向けている。中国の労働力より絶対安いですから。

呉　そうですね。

石　二〇一三年の上半期で日本の東南アジアに対する投資が、中国に対する投資を超えました。中国は「世界の工場」とよく言われるんですが、「世界の工場」は東南アジアに移っていく。つまり、中国の「世界の工場」としての役割が終わる。そのときに中国の抱える問題があるんです。これまでは安い労働力で作って輸出を増やし、それで富を手に入れて、市場が大きくなったわけです。しかし安い労働力で安く作れなくなると、本来ならば次のステップでは付加価値の高いものを作る。人件費が上がっても、付加価値の高いものを作れば売れる。それが中国はできていません。今後も中国市場の拡大が期待できるとおっしゃる方もいますが、仕事が減ったら市場の拡大は見込めません。

呉　なるほど。

石　安い労働力の時代が終わったところで、高い付加価値を作る時代が始まるのならいいんですよ。しかし、中国はそこがつながっていない。安い労働力の時代が終わっても、付加価値の高いものを作れないという点では、韓国よりも深刻な問題を抱えています。韓国は少なくとも現代自動車が世界中で自動車を売っている。サムスンが世界中で電化製品やスマートホンを売っている。中国はそういうものがほとんどない。だから、韓国よりもさらにひどいですよ。

なぜ中国と韓国が付加価値の高いものを作れないのか

呉　でも、韓国もまた厳しいと思います。日本に学んでいろいろな技術があったわけですが、付加価値の低い製品は中国にシェアを取られています。一方で、日本とは付加価値の高いものでどうしても競争できない。

石　基本的にはできないでしょうね。

呉　日本と韓国とでは大きな差がある。韓国はそういうジレンマに陥っています。

石　高いところは日本と競争できない。低いところは中国と競争できない。それは韓国の一番つらいところです。

呉　そうなんですね。では、なぜ中国も韓国も付加価値の高いものが作れないのか。付加価値の高いものを作れないというのは、一つには技術力でしょうけれども、もう一つ、これは文化論になりますが、中国人も韓国人も精神的な構造として付加価値の高いものを作れないようになっているのではないでしょうか。

石　中国の場合は作ろうと考えていないんです。

呉　いずれにしても、付加価値の高いものを作るという基盤がないのではないか、と私は考えているのです。

石　どういうことですか。

呉　儒教社会は長い間、技術を蔑視《べっし》してきたでしょう。だから、文化的、精神的な構造がそうなってしまっているのではないでしょうか。

石　なるほど。

呉　儒教社会の韓国も中国もモノ作りを軽視したから、技術者が低いものとみなされてしまう。自由経済市場に参加する国になったとき、韓国は日本の技術を学んでなんとかやってきたけれど、ほとんど日本の部品に頼っています。だから、いまだに日本から買って組み立てていて、いつまで経っても日本との貿易収支は赤字構造から抜けられないままです。

石　韓国の輸出が増えれば増えるほど、対日貿易赤字が増えますね。

呉　そうです。そのような構造になっている。原因の一つとして、基盤となる技術力がないから作れない。それから、他の国の企業が研究した成果を買ったり、真似をしたり、あるいは技術を盗むとかしてきたから、韓国には研究開発の積み重ねがなく、より高度なものを作ることに関するプロセスがない。日本の場合は積み重ねがありますから、その先の付加価値の高いもの、最先端のものを次々と作るようなプロセスがある。この違いは大きくて、韓国や中国がいくら頑張っても日本の上には立つことができないのではないかと思うんです。

石　日本の場合は、職人技術、職人文化を尊敬、評価する風土がありますしね。

呉　そうです。

石　それでもまだ、サムスンのような企業があるだけ、韓国はましですよ。

呉　確かにサムスンは世界的に製品を売っていて、液晶などでもサムスンはすごいと言われます。日本人もサムスンはすごいすごいと言う。でも、液晶を作るための基盤は、日本からの輸入に頼っているんです。それはどうしても韓国では作れない。私は技術者でないので液晶を作るための基盤がどういうものかはよくわからないけれども、先日、ある企業の技術者の方から教わったことがあります。その方の会社は、液晶を作るための基盤となるポンプを作っている日本の会社で、世界の八割がこの会社の製品だそうです。十八年くらい前に研究者が自転車に乗ってペダルを踏んだときに、はっとアイデアを思いつき、そこから画期的な技術開発ができた。その技術が盗まれないようにしているということなんです。

石　企業秘密ですね。

呉　そうです。だから、液晶製造の基盤となるポンプを作るこの会社に、サムスンを初めとして韓国からもたくさん買いに来るのだそうです。

中国人はこつこつと作るよりも一攫千金を求める精神性が強い

呉　韓国も、あるところまでは日本に学んでモノ作りをやってきました。ところが、どうしてもできないということであきらめているんです。国民性として、モノ作りは我が国には合わない、と。

石　そうですか。

呉　韓国経済がＩＭＦ管理下に置かれたときのことでした。経済をなんとか再建しなければならないと立ち上がったのが金大中《キムデジュン》政権で、ちょうどその頃、ＩＴが浮上してきた。そこで、「これからの時代は情報化だ」という方向に進んだんです。つまり、二次産業に今までしがみついていたけれども、いくらやっても工業は私たち韓国人には向いていない。そうだとすれば、三次産業、四次産業――ＩＴは四次産業と言ったほうがいいでしょう――へ入ろうというわけです。そして、これはある程度成功したと言えると思うんです。

石　サムスン電子が象徴するわけですね。

呉　そうです。しかしながら、第二次産業の基盤が弱いために、いくら経っても日本の付加価値の高い製品に追いつけない構造は変わらないままです。

石　中国と韓国、そういう意味ではおっしゃったように同じです。いわゆる儒教的な考え方では、君子たる者は「ものを作る」ということをしない。お茶を飲んで詩を詠《よ》んで、というのが君子たる者の理想的な生活スタイルです。それから職人精神がない。さらに言うと、中国独特の要素として、こつこつとなにかを作って産業を興すよりも、一攫千《いっかくせん》金《きん》を求める精神性が強いです。

呉　儲けが優先される？

石　もちろん、どこの企業も利益を求めることに違いはありません。ただ、日本の場合、多くの製造業が利益はさることながら、技術力を磨く。長期的な視点に立ってこつこつと技術を高めていくという精神性がある。ところが、中国の大半の企業は、今どうやって儲けるかという一点しか考えないんです。それは中国的な合理主義とも言えるけれど、行き過ぎると、お金を投入して自分たちで技術開発をやるよりも「いい方法」に走ってしまう。技術を盗んだりコピーしたりすることです。確かに、それが一番手っ取り早い。しかし、そうなったら誰も技術開発を本気でやらないでしょう。

それでも一応実業ではあります。もっとひどくなると、虚業になってしまう。短期間でお金を儲ける方法として、最後に行き着くところは、高利貸し、あるいは不動産の転売といったことです。中国はこの十年、不動産バブルの中で不動産価格が何十倍も暴騰しました。その中で多くの中小企業のおっさんたちが「こつこつモノを作るよりも、マンション十軒を転売すれば利益が遥かに大きい」と考えた。その結果、中国経済では実業の空洞化が進んでいます。さっきのシャドーバンキングの問題で、闇金融がGDPの四割ぐらいにまで大きくなった背景には、そんな精神性があるんです。

呉　なるほどね。

石　要するに中国には最初からモノ作りの精神がないし、一攫千金の精神が強いから技術力を磨くという発想もない。技術というのは盗むものか、コピーするものです。それよりも、いっそのこと闇金融をやれば、技術すら要らない。盗むことすら面倒になる。

呉　つまり、技術、モノを作るということは、低い人たちがやるものだという考え方でしょう。

石　それもありますが、モノ作りはあまり儲からなくてやむを得ずやること。中国の経営者にとって、他においしい商売があれば、そんなこと、誰もやりたくない。

呉　中国も韓国も、儲かるかどうかということが、今は大きな価値になっているわけですね。

石　そうそう、儲けること自体が価値になっています。

呉　そして、お金さえあれば何でもできるということになっている。

石　要するに拝金主義です。ますます技術力が落ち、産業が空洞化する。そうなりますと将来は暗いですね。だいたい一攫千金のゲームを国内で繰り返すことはなんの生産性もなく、経済力の増強にはつながらないんですよ。百万元で買ったマンションを一千万元で転売したとしても、中国の経済力が上がったわけではない。

呉　その人が儲けたとしても……。

石　経済全体から見たら、金額が増えただけの話です。結局、中国も韓国も自らの限界にぶつかったんです。

呉　そうすると、資本主義の限界の姿を今の中国と韓国が見せているわけですか。

石　見せているんです。おもしろいことに、後進国家が一番醜《みにく》い、一番最悪の資本主義を丸出しにしている。

呉　そうですね。ですから、一番最悪の社会的な問題、倫理崩壊問題などに全部つながっている。

石　そうそう、つながるんです。

呉　資本主義の悪い副作用が、特に韓国に全面的に表れているのではないかと私は思うんです。かつては儒教精神があったから、中国も韓国も精神的に豊かになろうとする人たちがおおぜいいたはずです。ところが、今は社会全体の価値観が、教養があるとか、内面的に充実した人間をつくろうとすることよりも、とにかく外見を気にして、いかにしてたくさんのお金を儲けるかという方向に向かっている。これではどんどん精神的に崩れていきます。

石　いろいろな国にいろいろな資本主義があって、たとえば日本にも日本的な資本主義がある。私が見るに、今、最悪の資本主義をやっているのは中国と韓国です。資本主義の論理よりも、親族家族主義的な論理が幅をきかせる。だから、競争といえども、コネがものを言う。政治的腐敗は氾濫《はんらん》する。富が一部の人間に集中する。製造業にしても、中国はコピーする。韓国はもっと上等なコピーをやっている。そういうような資本主義です。中国と韓国は、驚くべきほど抱える問題が同じですよ。腐敗の深刻さ、国民の社会に対する不満、不信感、倫理道徳の破壊、失業の拡大、貧富の格差の拡大。要するに悪《あ》しき兄弟ですわな（笑）。

呉　物事を深く考える力すらなくなってしまうし。

石　そうそう。

呉　知識人たちの考えることも浅過ぎてしまうということになりますから、これこそ人間が生きる社会として最悪の状態が韓国と中国に表れているんですね。

石　中国と韓国は、今後おそらく失敗した資本主義の見本になります。大きな見本と小さい見本で、内実はそっくりそのまま。

呉　もう既にそのようなことになっているような気がします。

「この二つの国に明るい未来があると、誰が信じるのか」

呉　今、日本などでは「これはいけない」ということで、資本主義を超えた新しい世界観というか、人間にとってなにが幸せなのかということが、いろいろと議論されていますが、韓国と中国は後戻りできないところまで行ってしまっているのではないですか。

石　私はそう思います。一時期、これからは中国が世界をリードすると言われたけれども、とんでもない。中国は世界をリードするものなどなにもないんです。むしろ逆の方向に進んでいる。世界に対して「失敗してどうにもならない見本」を提示するでしょう。

呉　これも文化論になるんですが、中国の知識人たちの上の層では、教養を身につけようという動きはあるのですか。たとえば本を読むにしても、実利的なものではなくて、教養を身につけるために読むという意識を持っているのでしょうか。

石　はっきり言って、中国の大半のエリートは、自分たちが教養を高めるといったことはあきらめています。みんな真剣に考えるのは子どもの教育。子どもの教育をどうするかというと、答えは既に出ています。海外へ送り出す。要するに、自分は中国の中で悪徳商人になったとしてもいい。あるいは汚職をしてもいい。子どもはたとえばイギリスに送り込んで、イギリス紳士に育てる。もちろん財産も海外へ持っていって、子どもたちには「もうこの国に帰ってこないほうがいい」と言う。だから、エリートの子弟はみんな中国を見捨てて海外に行く。今、中国は近代史上第三回目の移民ブームです。

呉　韓国でも、国内で子どもの教育をしたくないから、という目的の移民はすごく多いです。

石　そこがまた韓国と驚くほど似ている。中国と韓国は似ているところを眺めると、瓜二つの兄弟ですね。

呉　ええ。普通、移民というのは貧困な国から豊かな国へ貧しい人が行くものです。ところが、韓国も中国もお金のある人たちが出て行く。投資移民なんですよね。

石　そうそう。今の韓国と中国の共通点としてあるのは、エリート、金持ちが国を捨てて、海外移民することです。

呉　カナダとかオーストラリアとかニュージーランドとかは投資移民できますから、韓国人がどんどん出て行っています。経済的に豊かな人たちが出て行こうとするのは、社会にいろいろな問題があるということです。つまり、韓国人が韓国の社会を信じていないから外国に出て行く。中国人も中国社会を信じていないということですか。

石　中国も同じです。信じていない。だから、この二つの国に明るい未来があると、誰が信じるでしょうか。自分たちが信じていないじゃない。

呉　ところで、中国では子どもには外国で教養を身につけさせたいと親が思っているというお話でしたが、その教養のあり方はどういうものですか。韓国では人間力を高めるということよりも、最近は機能的な教養になっているんです。読まれる本は、どうやれば金持ちになるかといったものです。

石　それは教養というよりも技能、スキルですね。

呉　そうです。中国も韓国も全体の学歴は高くなってきているでしょう。学歴が高くなっているのに、人間としての教養のレベルが低くなっていく。この問題は大変大きいと思うんです。

石　今までの話からすれば、中国と韓国に共通するのは、経済がダメになり、その中で社会もダメになって、最後は文明までダメになるしかない。この二つの国に何が残るんですか。

呉　そうですね。人々の精神的な基盤はものすごく重要だと思うのですが、その基盤がない上に経済の繁栄を築いたところで砂の上に建てた家みたいなものだと、私はよく言っています。いずれは崩れてしまい、何も残らない。そのような状況が韓国と中国で起きているんですね。

石　少なくとも中国は、新しい時代の文明も文化も発信する力がないと思いますよ。

呉　韓国は、そのような中国のことを読み取る力すらなくなっている。目先の経済しか見ていなくて、輸出先として中国が頼れることだけ信じて、中国に偏る。これは極めて危険なことなんですね。

石　いずれ裏切られます。そうなったとき韓国はどうするか。韓国は場合によって中国の道連れになるしかなくなるんです。

第5章　覇権国家を目指す中国と日本のフロンティア

「海の支配」に挑戦する中国の軍事戦略

石　中国はこれから何を目指すのか。これは日本にとっても韓国にとっても実に重大な問題ですが、私が中国の国家戦略を報告した上で、ディスカッションしたいと思います。

呉　よろしくお願いします。

石　近代以前の中国は基本的に大陸国家でした。清《しん》王朝（注1）はいろいろと拡張政策を進めて中国の版図《はんと》は歴史上最大となったのですが、内陸志向の国家であり、あまり海には出ることはしなかった。その前の明《みん》（注2）の時代に鄭和《ていわ》（注3）が海に出たのは遊びみたいなもので、明と清の二つの王朝は海禁《かいきん》という政策を採った。つまり海に出ることを禁じていたんです。

この内陸志向は毛沢東《もうたくとう》時代まで続きました。一九四九年に共産主義革命が成功して中華人民共和国が成立してから毛沢東が死去する一九七六年まで、共産党政権も実にいろいろな覇権主義政策を試みた。チベットを占領し、ウイグルを版図に入れました。また、対外拡張を目的として、戦争もしています。インドとも戦争したし、旧ソ連とも戦争をした。それからベトナムをコマに使って、東南アジアへの浸透《しんとう》を図ってもいます。しかし、毛沢東時代の対外拡張戦略はほとんどが失敗に終わりました。成功したのはチベットとウイグルぐらいです。

毛沢東が一九七六年に死んで、中国の最高指導者になったのは鄧小平《とうしょうへい》（注４）ですが、鄧小平の時代になりますと、毛沢東時代の国家戦略に対して根本的見直しを行うんです。鄧小平はやっぱり賢くて、「毛沢東時代の拡張政策のほとんどが失敗に終わったのは、軍事力がなかったからだ」と考えた。実際、毛沢東時代の人民解放軍は対外的にほとんど脅威にならない代物で、海軍などは沿岸警備隊に毛が生えた程度でした。では、なぜ、軍事力がなかったのか。それは経済力がなかったからだ。したがって、国力の増加を図らなければならない。そのために鄧小平は「改革・開放」を始めて、経済成長路線に切り替えたわけです。

もう一つ、鄧小平は中華帝国数千年の戦略的思考の転換を図りました。要するに、今まで無視してきた海を視野に入れ、中国は陸上で拡張を試みるよりも本格的に海への進出を始めます。それが始まったのは八〇年代の半ばで、当時の海軍司令官・劉華清《りゅうかせい》（注5）という人の下、そういう海洋戦略を制定した。

このときに制定された海洋戦略のポイントはなにかというと、第一列島線と第二列島線という考え方です。この数年間でだんだん知られるようになった言葉ですが、中国が海に出るにはまず第一列島線を突破しなければならない。第一列島線は日本から台湾、フィリピン、マラッカ海峡と、島が一線を成している。それを突破したら、次に第二列島線を突破する。これは日本の小笠原諸島からサイパン、マリアナ諸島、インドネシアというラインです。第一列島線の海と第二列島線の海が中国海軍の支配下に入れば、東シナ海、南シナ海から西太平洋にかけて、ほとんどが中国の勢力範囲になります。

呉　今、中国はそれを狙っているわけですか。

石　狙っているんです。

呉　軍事力を増加させているとしても、中国は海軍の歴史があまりないでしょう。果たして実力はどうなのでしょうか。

石　結構進んでいるんです。第一列島線に関して言えば、ほぼ突破できるところまで来ました。二〇一〇年三月と四月、中国の新型駆逐艦や潜水艦、合わせて十隻が、沖縄本島と宮古島の間を抜けて太平洋に出た。また中国の原子力潜水艦が同じ年の二月ごろ、日米の警戒網を突いて、九州・台湾・フィリピンを結ぶ第一列島線を突破しています。最近のニュースですが、二〇一三年の七月に史上初めて中国軍の爆撃機が沖縄と宮古島の間を通り、第一列島線を通過した。中国が定めた第一列島線突破の時期は二〇一二年だから、だいたい彼らが計画した通りです。

呉　それらは中国のニュースですか。

石　中国軍機が第一列島線を突破したというのは、日本の防衛省が発表しました。日本は周辺海域を監視しているから、だいたい日本側のニュースです。

注1　清王朝　一六三六年に満洲で建国、一六四四年に万里の長城を超えて中国を支配し、一九一二年まで続いた王朝。

注2　明王朝　モンゴル王朝の元を追い出して一三六八年に建国され、一六四四年まで続い

た中国の王朝。

注3　鄭和　明の永楽帝に仕えた宦官で、七度の大航海で指揮官を務めた。鄭和の船団は最も遠いところでアフリカ東海岸まで到達している。

注4　鄧小平　中華人民共和国の政治家で、毛沢東の死後、最高指導者となって市場経済を取り入れる「改革・開放」政策を行い、経済発展の礎を築いた。

注5　劉華清　中華人民共和国の軍人。国共内戦では鄧小平のいる第二野戦軍に所属し、中華人民共和国が建国されると海軍に転じた。鄧小平の指示で海軍の近代化を進め、一九九七年まで党の要職にあった。

中国は「戦わずして勝つ方法」を考えている

石　では、中国は何のために海を支配するのか。これからの世界は領土を支配してもあまり意味がないということが、彼らにもわかったんです。領土の支配は農業社会の話です。農業社会は土地が手に入れば生産力が増える。しかし、今は土地を増やして農業生産力を手に入れても、儲けという面で見れば大したことはありません。近代史を振返ると、大英帝国は海を支配して世界の覇者となった。今のアメリカも基本的に海を支配して世界の覇者となった。だから、中国は海を支配しようと考えたわけです。もちろん、アメリカに取って代わって世界の海を支配するという野心はさすがになくて、彼らが考えているのはアメリカと太平洋を二分することです。太平洋の東側はアメリカが支配し、西側は中国が支配する。

では、海を支配すれば、どういう利益があるか。よく言われることは海洋資源です。しかし、それが中国の主な目的ではない。もう一つ、海外の資源を輸入するルートを確保するということがあります。中国は既に資源の輸入国ですが、ますますそうなっていくでしょう。だから、石油を初めとする資源の輸入路を確保することは極めて重要ですが、これも第一の目的ではありません。

海を支配する最大のメリットは、その海に面する国々を中国が支配できるということです。それはもう鉄則と言っていいんです。たとえば、第二列島線の内側が中国の勢力圏に入ったらどうなるか。台湾にしても日本にしてもフィリピンにしてもインドネシアにしてもベトナムにしても、そして韓国にしても、みんなシーレーンを中国に押さえられてしまう。押さえられたとしても、すぐさま遮断《しゃだん》されるわけではないのですが、「おまえが俺の話を聞かなければ遮断するぞ」と脅すことができます。シーレーンを遮断されたら、どの国も生きていけないでしょう。

呉　先ほど中国は経済力で未来がないと石さんはおっしゃったけれども、そのことと軍事力とは別なのでしょうか。

石　経済が停滞した中でも、独裁体制の中国は巨大な軍事力を維持できます。昔もそういう例がよくあった。要するに、国民に貧乏させても、軍事力を増強できるんです。だから、中国は海に進出する戦略を今後ますます進めていく。むしろ国内の経済成長が困難な状況になれば、より一層海洋進出を強めていくでしょう。

呉　中国の国民はどうなのですか。たとえば、国家がいくら軍事力を強めようとしても、今、戦争に出たがる若者はいないというギャップがある。そういう話を聞いたことがあります。

石　それはあります。また、海を支配することが自分の利益になるかどうか、中国国民は誰もわかっていない。したがって、国民が積極的に海洋進出政策を支持しているわけではありません。しかし、少なくとも中国が今の体制である限り、国内で反対できない。知識人もエリートも普通の国民も、国の進める海洋戦略に対して異議さえ唱えられないのです。特に軍事戦略に関しては共産党の中枢部である政治局常務委員がすべて決めることができます。そこで決まれば、そのまま人民解放軍が動く。国民はどうにもならないという状況があるんです。

呉　これも聞いた話ですが、中国は武器をロシアから輸入しているそうです。そして、ロシアはロシアが保有する武器よりいいものを他国に絶対売らない、と。

石　そうそう。

呉　ロシアが一番いいものを持って、その次のレベルのものはインドに売り、その次のレベルのものを中国に売っているそうです。また、今のところ、中国の戦闘機が沖縄あたりまで行って戦闘する能力はないということも聞いたことがあります。

石　それも中国はわかっています。ですが、彼らの前提は「今、戦争する」ではなくて、「戦争をしないで勢力を拡大していくこと」。つまり「戦わずに勝つ」という方法を考えているんです。

呉　孫子《そんし》の兵法ですね。

石　そうそう、孫子の兵法。たとえば、中国の兵器がまだ日本の兵器に劣っていることを彼らは知っています。だとしても、日本が中国に軍事的攻撃を仕掛けることが三〇〇%あり得ないことも知っている。

呉　アメリカについては、どう考えているのですか。

石　軍事力でアメリカと正面衝突すれば、一〇〇%負けることを彼らはわかっています。しかし、アメリカが中国に戦争を仕掛けることはほぼあり得ないということも知っている。だから、中国は誰からも脅威を受けず、心配することなく、安心して拡大ができるわけです。要するにピストルを持った強盗が誰も自分を撃つことができないと知っているならば、やりたい放題です。

呉　怖いものがない。

石　怖いものがないんです。戦闘機の性能を高めるということよりも、自国の大きさにものを言わせて、「誰も俺に手を出すことができない」という前提で中国はやっていいます。そこが一番怖いところです。

呉　なるほど。

各個撃破を狙う中国の術中にはまった韓国

石　今、中国が西太平洋の覇権を握るという海洋戦略を着々と進めていることはおわかりいただけたでしょうか。

呉　ええ。韓国の場合は、それがわかっていて中国の軍事力に未来性を感じ、「これからは中国の時代だ」と考えて中国に傾いているのでしょうか。

石　そこがわからない。でも韓国が中国の意図を理解した上で、自分たちの安全を保障してもらうために中国になびいている可能性はあるでしょうね。しかし、たとえばフィリピンやベトナムなどは中国に抵抗し、できるだけ中国の海洋戦略を封じ込めるという道を選んでいます。そのためにアメリカと手を組んだ。アメリカのいわゆるアジア回帰も、回帰というよりは中国の膨張を封じ込めるのが目的です。

今、ＡＳＥＡＮ諸国は中国と実力で勝負するのではなく、アメリカを中心にして、まず中国との間でルールをつくり、一方的に海を支配できないようにする方向に進んでいます。そして、このルールづくりに中国が抵抗している。こんな具合で、南シナ海をめぐる攻防戦が展開されているわけですが、中国の海洋戦略の推進とそれを封じ込めるという全体の動きを見れば、日本と中国の外交問題も単に歴史認識の対立ではないんです。日本が直面しているのは将来の海での安全保障です。

呉　東南アジアなどから警戒されている中国にとって、韓国が自ら中国の傘下《さんか》に入ろうとすることは、言わば宝物が入ってきていることになるわけですか。

石　宝物です。韓国はあまりにも中国のそういう戦略的思惑にはまっているように思います。しかし、自分の安全を保障するために中国の側に立つのですから、これははっきり言ってアジアの諸国に対する敵対行動です。中国に魂を売ってしまうような選択が、将来、果たして韓国のためになるかどうかは、まだわかりません。かつて保身のためにイギリスのチェンバレン首相（注１）はヒトラーの国際戦略に飛びついたが、「歴史に学ばない民族に未来はない」と真面目に考えているのなら、そういう意味での歴史の教訓を韓国は学ぶ必要があるでしょう。いったん海が中国に支配されたら、日本も大変ですが、韓国はそれこそ永遠に中国の属国になってしまう。

呉　属国から抜けられなくなるでしょうね。今、韓国の朴《パク》政権は国のために最悪なことをやっているのではないかと思います。

石　私もそう思います。愛国と唱えながら、実際は自分自身の首を絞めているのではないですか。

呉　そう、そこを早く韓国が気がつかなければならないと思うんです。

石　そうです。別に韓国が中国と戦争しろとは誰も言っていない。日本とのしょうもない歴史問題を乗り越え、台湾、フィリピン等々と手を組んで、東シナ海と南シナ海にちゃんとしたルールをつくる。それは中国を排除するというのではなく、秩序をつくるんです。誰でも安全かつ自由に航海できる体制をつくる。

呉　そうですよね。

石　ただ、中国は上手なやり方をするんですよ。要するに、各個撃破。今、東南アジアではカンボジアを取り込んでいます。カンボジアを中国側に引き入れて、東南アジアの結束を潰す。東アジアでは韓国を引き入れて、突破口をつくる。中国はそういうことをやっています。まんまと韓国が中国の術中にはまったんです。

注1 イギリスのチェンバレン首相 アーサー・ネヴィル・チェンバレンは一九三七年から一九四〇年までイギリスの首相を務め、ヒトラーのドイツ、ムッソリーニのイタリアに対して宥和政策を採ったことが批判されている。

果たして中国は海を支配できるか

呉 石さんがご指摘になったのは、中国の覇権主義は陸地ではなく、海を対象にしていて、一番大事なポイントは、海を支配すれば海の周辺の国々を実質上支配できるということ。

石 そうです。

呉 では、中国は本当に海を支配できるのでしょうか。

石　可能かどうか、それはこれからの問題です。東シナ海であれば、日本がどう動くか、韓国がどう動くか、アメリカがどう動くか。それによって可能になることもあれば、失敗に終わることもある。

呉　日本も韓国も東南アジアも、それを可能にさせてはいけないということでしょう。

石　そうそう、そこが言いたいところです。幸い、日本は安倍政権ができてから、この問題を強く意識していて、今、安倍政権が考える集団的自衛権の行使にしても、国防体制のつくり直しにしても、あるいは安倍外交にしても、すべてこのことが念頭にあると思います。

呉　だから、東南アジアやロシアを訪問したわけですね。

石　安倍政権はベトナム、フィリピンなどと安全保障の協力を始めたでしょう。昔の日本と東南アジアとのつきあいはせいぜい経済関係だけだった。今では安全保障でつながり始めたわけです。

呉　日本は東南アジアの国々と安全保障の協力に動いていますね。

石　動いています。日本とたとえばベトナムとの間の安全保障の協力は、はっきり言って対中国です。それ以外なにもない。
呉　中国の周りの国は日本と関係を結んでおこうとしている。
石　それだけ中国を警戒し、大変な危機感を持っているんですよ。
呉　日本における尖閣《せんかく》諸島以上に、東南アジア諸国は深刻に感じているのでしょうね。
石　そうです。ベトナムにしても、中国に島を占領されたことに抵抗しているのではない。この海が中国に奪われたら大変だと、だいたいの国家はわかっているんです。日本は幸い安倍政権になってわかった。鳩山由起夫がずっと総理大臣だったら、日本は終わりでした。
呉　そうです。終わりですよね。では、韓国だけがわかっていないことになるわけでしょう。
石　いや、わかっていないのか、あるいは呉さんがおっしゃったように、わかったからこそ中国に飛びついたのか。どちらかでしょう。どちらにしてもたちが悪いことに変わりはないんですが。

韓国料理で「中国にない味はキムチだけ」

呉　これは文化論になるけれども、韓国人と中国人は、日本人よりもわかりやすいところがあるんですね。感覚とか精神的にすごくわかりやすい。

石　お互いにですか。

呉　ええ。そういうところがあるんですよ。たとえば、洋服を中国で作って中国に売る。そのときに日本人がデザインしたのと韓国人がデザインしたのと、どちらがいいかというと、中国人には韓国のもののほうが受けがいい。値段が安いからだけではなくて、美意識が極めて似ているんです。

石　ああ、なるほど。

呉　どうも日本人の感覚は韓国人、中国人に受けにくい。色の好みにしても、韓国人は鮮やかなくっきりとした色彩を好みます。

石　韓国の朴大統領が北京《ペキン》を訪問した当日、鮮明な黄色の洋服でした。日本では大統領のような立場の人にそういう感覚はないと思いますね。

呉　そうなんです。鮮明なくっきりとした原色が韓国人にはすごく好まれます。それは中国でも受けがいいでしょう。

石　確かにそうです。

呉　韓国の洋服が中国人にすごく売れたのは、そこが一つあるんです。子どもたちの文房具でもそうだし、子どもたちの服装も韓国のデザインが中国人にぴったり合ったみたいです。だから、韓国のものが飛ぶように中国で売れる。これは感覚的に似ているからなんですね。

石　そう言えば、韓国に来る中国人観光客が増えているでしょう。

呉　はい。今、日本からの観光客は減っているけれども、中国からの観光客は大変増えています。たぶん食べ物も、日本のよりは韓国の食べ物が中国人に合っていると思います。

石　そうそう。

呉　中国人の友だちがいるのだけれども、韓国の食べ物をいろいろ食べてくれて、「中国にない味はキムチだけ」と言っていました。家庭料理にしても鍋料理にしても、キムチ以外はほとんど、中国にある味と似ているということです。

石　たとえば、中国人が京都の料亭で懐石《かいせき》料理を出されても、全然満足しない。むしろ韓国の焼き肉屋に案内したら大喜びですわな。

呉　そうなんですね。日本の味は薄くて物足りない。韓国では鶏のスープのサムゲタンが中国人に一番喜ばれる。その店は中国人観光客でいっぱいです。

石　豚の足、トンソクが好きというのも同じですね。

呉　韓国人がすごく好きなトンコツを煮込んだスープがあるんですが、その味を中国人の友だちは「中国とそっくりだ」と言っていました。ただ、食に関して違う感覚もありますよ。昔、石さんから言われていまだに覚えているのが、「日本人は早く食べてしまいましょうという。その言い方は納得がいかない」(笑)。

石　それから、「食事を済ませる」と言うでしょう。

呉　要するに食事は済ませるもので、本当に大事なことは他にあるというのが石さんには納得できないんですよね。

石　中国人にとって食事は済ませるのではなくて、楽しむものです。逆に、仕事は早く済ませる（笑）。

呉　その点で中国人はヨーロッパ人に似ていて、日本人と韓国人は似ているんです。韓国人も食事は早くしてしまおうとする。

石　それでも、食べ物自体の嗜好《しこう》は中国と韓国で近い。これは食べ物だけの問題ではなくて、日本と中国・韓国は文明が全然違うんです。もちろん中国と韓国の間も文明の違いはあるけれども、日本と中韓の間はそれ以上に大きい。

呉　そうなんですね。

石　文明が違うから、感覚、美意識が全然違うんです。

呉　美意識については日本人と韓国人は違うけれど、韓国人と中国人は極めて似ていると私は感じます。原色が好き、鮮やかなもの、くっきりとしたものが好きです。

石　日本は中間色が好まれます。

呉　日本の曖昧《あいまい》な中間色は韓国人にとって物足りないんです。これが不思議と、東南アジア、南アジアも韓国的な美意識のほうが合う。サムスンのテレビが受けるのはそこなんです。たとえば、インド人もくっきりとしたカラーが好みで、カラーテレビは韓国製が売れる。日本人は淡い色を出そうとするから、現地の好みに合わせるために、日本の企業がインド向けに工夫はするのだけれども、かなり工夫しないとわかりにくい。その点、韓国企業の場合は、韓国の感覚のままで東南アジアに受け入れられる。テレビ画面のカラーもそうだし、洋服のカラーなどもそうだし、そのまま持っていけばいい。ヨーロッパの場合は、日本的な美意識が合うけれども、日本的な曖昧な色は、日本以外のアジアの国では難しいようです。

きらきら輝くものしか美にならない韓国人と中国人

石　それこそ呉さんの専門の分野だけれども、韓国と中国には日本のわび、さびという感覚がないですね。

呉　そうです。

石　まったくこの感覚がない。なぜでしょうか。

呉　京都に行ったときに、お茶の席に招かれたのですが、門をくぐって母屋《おもや》までの間に飛び石がぽつんぽつんと敷かれ、飛び石と飛び石の間に苔《こけ》が生《は》えている。そこを日本人のおとなの男性たちと歩いたら、わずかな距離をどれだけ時間かけて歩くのかと思うくらい時間がかかった。なぜかというと、「この苔はどうのこうの」と茶会の亭主が一所懸命に説明してくれる。そうすると、大の男たちがそれを聞いて感動しながら、ああだこうだと話すからです。

こういうことは儒教社会では絶対にあり得ません。苔というのはカビの一種ですから、洗い流すものです。たかが苔に命を吹き込むとか、大の男が話題にすることはない。そんなことはみっともないんです。

石　そう、みっともない。そもそも茶道にしても、中国人の感覚からすれば、「お茶を一杯飲むのになんでそんな面倒くさいことをやるんだ。茶碗に入っているのを一口飲めばそれで終わりじゃないか」(笑)。

呉　ですから、日本は儒教では説明できないものがあるんですね。

石　あります。

呉　たかがカビの一種かもしれないけれども、苔ですら命を吹き込む。お茶ということで思い出したのですが、最近、茶道の先生に言われ、改めて「ここまでやるのか」と思ったことがあります。茶道で使うお茶を入れる容器は、それ自体がぐい呑みほどの小さなものですが、蓋《ふた》と本体のそれぞれに絵が描いてある。両者がうまく合っているかどうか、ということを鑑賞するんです。これは以前から知っていたのですが、最近驚いたのは、なんと縁にまで絵が描いてあって、その絵もまた鑑賞するんです。日本では「細部に神が宿る」と言いますが、韓国、中国にそういう発想はないですね。

石　ありません。

呉　こういうことを四百年間、日本人がやってきた。しかも武士たちが、です。戦国時代、戦場から帰ってきた武士が、茶器を見ながらこの絵がどうのこうのとか、見えるか見えないかのわずかな線の上下が合っているかどうかを話題にした。それが四百年もの間、ずっと伝えられてきて、いまだに続いている。このようなことがあって日本の技術力ができていると私は思います。刀をたくさん持っていらっしゃる方のことを話しましたが、日本の武士は刀が命そのものであると同時に、そこに様々な美が入っているということもおっしゃっていました。鞘に描かれた細かい絵とか模様とかを武士たちは自慢し、武士が刀を預けたとき、預かった人は鞘を見て、その人の教養を測ったそうです。

石 すごいな(笑)。

呉 現代で言えば、料亭に行ったときに上着やバッグを預けたりするでしょう。すると、料亭の女将さんがそれを見て、「この人はどれぐらいのレベルか」ということを判断するらしいのですが、その対象が昔は刀だったということです。その人の教養がどれぐらいかを、刀の芸術性がわかるかどうかで判断する。

石 そうですか。

呉 おもしろいのは「武士がなぜ芸術的なのか」ということです。武士は単に「戦争をする人」ではなく、江戸時代であれば政治家、行政官だった。そういう人はお茶だけでなくて、刀にまで芸術性が求められたんですね。天下国家を論じる人たちが、わずかな線がどうのこうのと語るなんて、韓国・中国のような儒教の国ではあり得ないですね。

石 あり得ないですな。

呉 このような感覚をいまだに日本人は大切にしているわけです。

石　だいたいお茶を飲むと言っても、中国や韓国でお茶を飲むことと日本の茶道とはまったく違いますね。

呉　そうです。

石　茶室にしても、江戸時代の一流文化人、あるいは大名が持っていた茶室は、ほとんど茅葺《かやぶき》で、土で作った壁です。おそらく中国人・韓国人から見たら、最低の貧乏人の住み家じゃないかと感じる。「なんでそんな貧乏くさいところでお茶を飲むのか」と。そこで文明、文化、美、感覚がまったく違うことがわかります。これではお互いに理解不可能でしょう。

呉　衰え、さびれていくものを大切にして、日本人は美に昇華させていく。極めて田舎的なものに新たな美を加えたとも言えますが、儒教文化圏ではそんなものは美でも何でもない。わび、さびは排除すべきものです。

石　そうそう。

呉　美というのは、文明が高度になっていけばいくほど、ぴかぴか輝くものであり、だからきらきらに塗るわけです。

石　豪華でなければいけません。

呉　きらきら輝くものしか美にならないという感覚のあり方が、韓国人・中国人の美意識です。だから、日本のわび、さびは理解できない世界なんですね。逆にいうと、中国の美意識がわかるというところで、韓国人が中国に気持ちを寄せやすい一因があると思います。

日本のフロンティアは伝統を生かした創造力にある

呉　そもそも日本でなぜ、わび、さびという文化が生まれたのでしょうか。洋の東西を問わず、普通、文化というと、だいたいは王朝文化です。ところが日本の場合は、途中から王朝文化が崩れていった。崩れていきながらも、王朝文化は文化として残り、一方で田舎者の武士が文化の世界に登場するんです。

石　昔、武士は田舎者でしたね。

呉　世界的に見て、田舎者は文化の担《にな》い手《て》になりません。ところが、日本は違いました。田舎者の武士が中央にある貴族文化に憧《あこが》れ、単に戦いをするということだけではみっともないという気持ちが生じます。そこから貴族と違った独自の文化を磨くことになった。だから、武士文化と貴族文化が両立したわけです。

石　京都はまさにそうです。王朝文化と武士文化の両方の面影があります。

呉　王朝文化だけなら万国共通だし、そういう華やかな文化は誰にでもわかります。しかし、韓国、中国には田舎者の武士の発想がなかった。ということで、そこから生まれたわび、さびの世界はまるで理解できないんですね。

これはモノだけでなくて、人間の感覚にまでつながります。たとえば、韓国や中国で受ける人というのは、豪華な人です。表面がものすごく派手な人は受けがいい。でも、わび、さびの世界がある日本の場合、外見だけではなくて、いかに精神的に深みがあるかというような、内面にも入っていきます。これだけの近代文明社会になっているのにもかかわらず、日本は人の教養とか文化力を見ようとする傾向が依然として強い。これは日本の強みだと思いますが、いかがですか。

石　日本の作り出す付加価値の背後にあるのは、美意識と哲学でしょう。

呉　それが日本で技術力が磨かれた一因だろうと思います。そして、その精神のあり方は第三次産業でも生きているのではないでしょうか。その一つがいわゆる「おもてなしの精神」です。日本のおもてなしの精神は世界に例を見ない独特なものであり、これこそがこれからの世界に日本が出すべき付加価値の高いものでしょう。

石　新しい文明の志向ですね。

呉　そうです。どこにもないものをもっともっと磨いて、世界に売り出す。そういうものは日本にたくさんあると思います。

石　あります。それを活かすような境地を日本はこれから開いていけばいいんです。

呉　日本では七割以上がサービス産業になっていますが、先進国では大半がサービス産業になっていくでしょう。そこで「光るもの」が日本にはある。日本の強みは技術だけではない。商業もそうです。日本は商業の社会ではないと言われるけれども、精神性という点で日本ほど先端的な商業社会はありません。

石　日本経済は中国市場が大事とか依存しているとか、あるいは韓国も大事とか、よく言われますが、そんなことはもうないんです。日本はむしろ世界の先頭に立って、世界の精神文明をリードしていくことが最も大事です。

呉　同感です。

石　日本の創造力が世界の基準をつくる。だから、中国市場にきゅうきゅうとしなくてもいいと思いますよ。

呉　そうなんですよね。あまり中国とか韓国とかに幻想を持たないほうがいいと私も思います。日本には未来へ進むための潜在力のようなものが伝統の中にたくさん残っている。それを掘り出して磨き上げたほうがいいですね。

石　日本のフロンティアは決して中国にあるわけでもなければ、朝鮮半島にあるわけでもない。日本のフロンティアは、日本の伝統を生かした日本の創造力にある。

呉　そうなんです。わび、さびの世界一つ見ても、世界にないものですから、これがどれだけ未来的なものをつくっていく力を秘めているかということに、自信を持っていただきたいですね。

「おもてなし」と「ホスピタリティ」の違い

呉　最後に「おもてなし」はどんなものなのかという話をしたいと思います。先ほど、日本は技術大国だけでなくて、商業大国でもあると言いましたが、これからの世界はアジアでも第三次産業が主体になっていく。したがって、技術の面で世界にない付加価値の高いものを作ることは当然大事だけれども、第三次産業、サービス産業で世界にないものを出すことも大事です。そこで一番武器となるものが日本にある。それが「おもてなしの精神」だと私は思います。

石　「おもてなし」という言葉は今、結構使われていますね。英語だと「ホスピタリティ」かな。

呉　英訳すると「ホスピタリティ」があてられます。日本でもホテルなどのサービス産業ではホスピタリティ精神という言い方をします。でも、ホスピタリティとおもてなしは違うんですよ。どう違うと思いますか。

石　いや、わかりません。

呉　ホスピタリティとおもてなしが違うことを説明するために、一つの例を挙げましょう。

「世界で最もホスピタリティの精神を組み込んだサービスをするホテル」というのをテレビで見たことがあります。そこは大きなホテルなのだけれども、マネージャーがフロントに立っていて、来られるお客さんに対して「いらっしゃいませ」ではなく、「お帰りなさいませ」と挨拶する。そうすることで、お客さんを自分の家に帰ってきたかのような気持ちにさせるんです。それ以外に気遣いもサービスもすごい。誕生日にプレゼントまでしてくれる。一回泊まった人はまた行きたくなるのだそうです。

これがホスピタリティの行き着く究極のところだとすると、よそのホテルに同じ出迎えの言葉とサービスの手法を採用されたら、それだけでは競争に勝つことができなくなるでしょう。一方、おもてなしはそう簡単に真似ができません。

石　おもてなしはホスピタリティと別の次元にあるということですか。

呉　そうなんです。語源を調べたりしながら、私なりに整理して、ようやくホスピタリティとおもてなしの違いを理解しました。

石　是非《ぜひ》、聞かせて下さい。

呉　こういうふうに分けて考えたんです。ホスピタリティというのは神様からいただいた恵みから始まります。たとえば、キリスト教に最後の晩餐《ばんさん》の話があるでしょう。イエス・キリストが弟子たちに自分の血と肉を与える。弟子たちは神様から恵みをいただいたから、各地を歩いて恵まれない人たちのために神様からの恵みを分け与える。神様からいただいたものを与えることがホスピタリティの精神です。

石　なるほど。

呉　英語のホスピタルは病院のことです。ホスピタルとはもともと、食べる物が得られず、病気になった人たちを寝かせてあげて食べさせてあげた施設です。要するに、神様からの恵みを与えるわけです。ボランティア精神などはまさに西洋のホスピタリティの精神なんですね。

石　そうか、ホスピタリティは「上から目線」なのか。

呉　そうです。おもてなしは逆で、人間が神様をお迎えする。だから、先ほどのホテルのようにマネージャーが「お帰りなさいませ」と挨拶して、家に帰ったような気持ちにさせてはいけない。そこは神様を迎える非日常の場でなければならないのですから。

石　なるほど。

呉　日本では人間が神様をお迎えしてお祀《まつ》りするとき、数日前から身を慎《つつし》む。それから、神様の住まう神輿《みこし》は最高の技術と最高の美しさをもってつくり、最高の食べ物を用意しておく。ただし、日本にはいろいろな神様がいて、性格がみんな違うから、神様の好みを知って、好みに合わせたものをつくらなければいけない。だから、地方によって神輿が違うわけです。そして、神様をお迎えすると、みんないっしょに飲んで食べて、再びお見送りをする。

人間をお迎えするときも同じなんです。たまに来られるお客さんは稀《まれ》に来るマレビトです。日本人には客神（客人）を迎えるマレビト信仰がある。たまに来られるお客さんは神様みたいなものなのです。ずっと滞在したらダメです。わずかな時間を、神様みたいに接待して、帰ってもらわないと困るわけです。

石　賞味期限がある（笑）。

呉　そういうとらえ方もありますが、たまに来てもらってわいわいとおもてなしして、帰ってもらう。来られるときは、めいっぱいやる。これがおもてなしの精神です。それが近代社会になると、「お客様は神様」という言葉になる。それを真似して韓国では「お客様は王様」という言い方をするんですが。

石　神様と王様ではまったく次元が違いますね。

呉　そうです。日本以外の国ではニセモノを作って売ったりするけれども、日本では店を訪ねてこられるお客さんが神様ですから、ニセモノを売ることはできません。神様をごまかしてはいけない。それから、お金をごまかすことも他の国ではよくあります。たとえば、五千円のものを買って一万円札を出したら、店が五千円札しかもらっていないと言って、おつりを渡さない。ヨーロッパでもそういうことは日常茶飯事的にあるし、韓国でもそのようなことがよくある。しかし、日本ではそんなことができません。これもお客さんを神様として考えているからではないかと思うんです。

石　神様をごまかしたら見抜かれて罰があたるけれども、王様はニセモノであることがバレなければお咎《とが》めなし（笑）。

呉　恵まれた人が恵まれない人に施《ほどこ》すホスピタリティの場合は、常に上から下へ与えることになります。だから、いい加減なものを与えても、下の者にはわからないわけです。しかし、日本では相手が上なんですね。下ではない。だから、めいっぱい、最高のものを出さなければならない。

石　なるほど。

呉　さらに、おもてなしをするには、身振り、身のこなし方に美しさがなければならないし、お客さんに対して言葉遣いも美しくなければなりません。驚くのは、教養がなければならないことです。教養までそこに入っている。ですから、単にサービスをするというものではないんです。

石　教養が問われるとなると、これは大変だ。

呉　すごく大変です。ホスピタリティ精神は援助の気持ちでしょう。その気持ちだけでは絶対におもてなしはできません。たとえば、「施す側に美しい所作が必要だ」という発想は出てきません。

石　呉さんは茶道をおやりになっているが、茶道もおもてなしの精神ですか。

呉　はい。お茶の世界はお客さんをたくさんお招きしない。五人くらいにして、一人ひとり、どんなお客さんが来られるかを意識し、そのお客さんがどんな価値観を持っているかまで考えなければならない。それはお客様は神様だからなんですね。お茶の世界は単においしいからお茶を飲むだけではダメです。迎える側の主人は、歩き方から座り方まで美しくなければならない。その上で思いやりがあること。私はあるお茶の席で咳《せき》こんだことがありました。すると、そっとお水を出してくれたんです。そのように相手の気持ちを読み取るといったトレーニングをやってきて、それが日本の文化の基盤になっていると思います。

中国と韓国でなく、日本は世界を相手にすべきである

呉　日本のサービス産業も今までは西洋的なホスピタリティ精神の影響がかなりあったけれども、リーマンショック以降、不況になっていくと、それでは競争に勝つことができなくなった。そして、今では大きく変わって、日本の会社に行ってもお店に行って

も、以前とは違うやり方でやっていることを強く感じます。現代社会がサービス産業の時代に入った中で、おもてなしの精神はお店などに生かされようとしています。

今、日本は「クールジャパン」ということを世界に売り出そうとしています。クールジャパンとは「日本のかっこいいもの」とか「日本のおもしろいもの」ということですが、これからは技術力だけではなく、おもてなしのように商業の中でもいろいろと世界にないものがあるのだから、そこに力を入れるといいと私は思っています。今、中国からも日本のおもてなしを学びに来ていますが、「おもてなし」という言葉は世界的な用語になっていくでしょう。

石　呉さんはクールジャパンの委員会に入っているのですか。

呉　クールジャパンではなくて、文科省が立ち上げた日本文化立国の実現のための委員会で十人のメンバーの一人です。

石　要するに日本は世界を相手にすることを考えるべきで、あまり中韓を相手にする必要はない、ということですね。

呉　そうです。政治的なことはもちろんだけれども、技術的なものでも商業面でも、中国や韓国にあまり幻想を持たないほうがいい。日本のオリジナルには世界にないものがたくさんあるから、それを磨いて付加価値をつくり、世界を相手にすべきです。

石　中国と韓国という落ちこぼれ兄弟、どうにもならない異質な二つの国をそれほど真剣に相手にする必要はなく、距離を置いたほうがいいと私も思います。日本は日本の境地を開いて、世界を相手にするべきです。ただし安全保障の面で中国を無視してはいけない。アジアの諸国と連携して、中国の海洋戦略の膨張を封じ込めなければなりません。

呉　安倍総理は「対話の扉《とびら》は開いている」とおっしゃっていますが、だからと言って譲歩して首脳会談を開こうとはしていません。これは適切な態度です。日本は中国、韓国と距離を置いたほうがうまくいくと思うんです。特に韓国とはあまりにべたべたし過ぎているから、うまくいかない。日本が韓国と近い関係を持つことがトラブルの原因となっているのです。

呉　善花（お・そんふぁ）
拓殖大学国際学部教授。1956年、韓国・済州島生まれ。
1983年に来日し、大東文化大学（英語学専攻）の留学生となる。その後、東京外国語大学大学院修士課程修了。1998年、日本に帰化する。著書に『攘夷の韓国 開国の日本』（文藝春秋、第五回山本七平賞受賞）、『スカートの風（正・続・新）』（三交社、角川文庫）、『韓国併合への道』『侮日論』（文春新書）、『なぜ「反日韓国に未来はない」のか』（小学館新書）、『私は、いかにして「日本信徒」となったか』『「見かけ」がすべての韓流』『虚言と虚飾の国・韓国』（ワック）など多数。

石　平（せき・へい）
評論家。1962年、中国四川省成都生まれ。
北京大学哲学部卒業。四川大学哲学部講師を経て、1988年に来日。1995年、神戸大学大学院文化学研究科博士課程修了。民間研究機関に勤務ののち、評論活動へ。2007年、日本に帰化する。著書に『なぜ中国から離れると日本はうまくいくのか』（PHP新書）、『中国はもう終わっている』（徳間書店）、『なぜ中国人はこんなに残酷になれるのか』（ビジネス社）、『私はなぜ「中国」を捨てたのか』『2014年の「中国」を予測する』（ワック）など多数。

もう、この国は捨て置け！
—韓国の狂気と異質さ

2014年2月24日　初版発行
2019年8月29日　第7刷

著　者　呉　善花・石　平

発行者　鈴木　隆一

発行所　ワック株式会社

東京都千代田区五番町4-5　五番町コスモビル　〒102-0076
電話　03-5226-7622
http://web-wac.co.jp/

印刷製本　図書印刷株式会社

ISBN978-4-89831-693-1

好評既刊

「5G革命」の真実
5G通信と米中デジタル冷戦のすべて
深田萌絵

B-301

5G時代の幕が開いた。技術は世界を変える。中国型5G通信が世界に浸透することにより、統制された情報にしかアクセスできない人工世界へと導かれていく。

本体価格九二〇円

日本のIT産業が中国に盗まれている
深田萌絵

ファーウェイをはじめとする中国企業の世界に張りめぐらされたスパイ網を暴き、ITへの無知が国を滅ぼす現状に警告を鳴らす、ノンフィクション大作！

本体価格一三〇〇円

中国・韓国の正体
異民族がつくった歴史の真実
宮脇淳子

B-293

数多の民族が興亡を繰り返すシナ、停滞の五百年が無為に過ぎた半島。異民族の抹殺と世界制覇を謀る「極悪国家」中国、「妖魔悪鬼の国」韓国はこうして生まれた！

本体価格九二〇円

好評既刊

ゆすり、たかりの国家

西岡力

B-263

アジアでは冷戦はまだ終わっていない。日本よ、北朝鮮の「核恫喝」に屈するな。韓国の「歴史戦」にも怯んではいけない。金正恩と文在寅は危険な「独裁者」だ。

本体価格九二六円

歴史を捏造する反日国家・韓国

西岡力

B-292

ウソつきのオンパレード――「徴用工」「慰安婦」「竹島占拠」「レーダー照射」「旭日旗侮辱」……いまや、この国は余りにも理不尽な「反日革命国家」となった！

本体価格九二六円

「反日・親北」の韓国はや制裁対象！

李相哲・武藤正敏

B-296

元駐韓大使と朝鮮半島専門家による迫熱の討論――。韓国人を反日にしないで、世界の首脳に平気でウソをつく文在寅政権を崩壊させる手はある！

本体価格九二〇円